You create your own reality.

每 天 的 生 活 ， 都 是 靈 魂 的 精 心 創 造

王怡仁作品 21

不藥而癒 4

——不當受害者，你就百病全消

作者——王怡仁
總編輯——李佳穎
執行編輯——齊世芳
責任編輯——張郁琦
校對——謝惠鈴
美術設計——唐壽南
版面構成——黃鳳君
發行人——許添盛
出版發行——賽斯文化事業有限公司
地址——新北市新店區中央七街 26 號 4 樓
電話——22196629
傳真——22193778
郵撥——50044421
版權部——李宜懃、馬心怡
數位出版部——李志峯
行銷業務部——楊婉慈
網路行銷部——高心怡
法律顧問——北辰著作權事務所
印刷——鴻柏印刷事業股份有限公司
總經銷——大和書報圖書股份有限公司
地址——新北市新莊區五工五路 2 號
電話——89902588　傳真——22997900
2025 年 6 月 1 日初版一刷
售價新台幣 350 元（缺頁或破損的書，請寄回更換）

ISBN 978-626-7696-01-9
賽斯文化網站 http://www.sethtaiwan.com

Healing Without Medicine Book 4

不藥而癒 4

不當受害者，你就百病全消

王怡仁◎著

關於賽斯文化

我是個腳踏實地的理想主義者。賽斯文化，是為了推廣賽斯心法及身心靈健康理念而成立的文化事業，希望透過理性與感性層面，召喚出人類心靈的「愛、智慧、內在感官及創造力」，讓每位接觸我們的讀者，具體感受「每天的生活，都是靈魂的精心創造」（You create your own reality）。我們計畫出版符合新時代賽斯精神之書籍、有聲書、影音商品及生活用品，並提攜新進的身心靈作家，致力於賽斯思想及身心靈健康觀念的推廣，期待與大家攜手共創身心靈健康新文明。

發行人 許添盛醫師

不藥而癒4

不當受害者，你就百病全消

Healing Without Medicine Book 4

目錄

第2章

形形色色的受害者意識

第3章

親密關係與家庭關係中的受害者意識

第4章

不當受害者，你就百病全消

第5章

安頓你的心

第6章

在成就感中快樂而健康

〈自序〉
改變個性，療癒疾病

王怡仁

我是一個西醫師，執業至今超過二十年，行醫生涯讓我累積出豐富的專業知識與臨床經驗。然而時至今日，治療慢性病時，以西醫的方法，我還是只能「控制」慢性病，而無法「療癒」慢性病。比如治療高血壓或糖尿病時，西醫可以使用藥物，讓血壓下降、血糖穩定，但就是無法完全療癒。

我相信所有的慢性病個案，想要的都是療癒疾病，而不是控制疾病。身為醫師的我，也很渴望知曉可以完全療癒的方法，然而，西醫顯然無法給我答案。

幸而我後來接觸了身心靈醫學，心中的謎團才得以解開。

身心靈醫學與西醫的不同之處，就在於身心靈醫學認為，身體是心靈的一面鏡子，身體的病痛即是內在衝突的顯現，當身體生病時，如果只是治療身體，那就好像是在治療「鏡子」，而不是治療疾病的原因，也就難以將疾病治癒。唯有消融內在衝突，才可能將疾病完全療癒。

認識身心靈醫學之後，我忍不住驚呼：「我找到了，這才是我想要的！」從此積極投入身心靈醫學的學習。

於是，二十幾年來，我不只以西醫師的身分看診治病，還以身心靈醫師的專業，引導人們走入內心，觀照心靈、改變心靈、療癒疾病，創造全然的健康。

本書可說是我二十幾年來從事身心靈治療的結晶，在無數的個案身上，我學習到了真正的疾病療癒之法。世人可能有各式各樣的疾病，但所有疾病都有一樣的原因，那就是內在衝突。如果一個人有著「慣性的內在衝突」，就可稱為他的「個性」。從我的臨床經驗來看，所有慢性病都是起因於個性，無一例外，若能改變個性，慢性病也就不藥而癒了。

因此，我要告訴大家：

身病非真病，真病是個性；與其要治病，不如改個性。

在這本書裡，我會告訴大家，如何從改變個性，進而療癒慢性病。所謂的個性，於疾病而言，就是一個人的「受害者意識」，以及相應於「受害者意識」的慣性對應模式。一個人若總是以慣性模式對應受害者意識，他就會有慣性的內在衝突，即是慢性病的真正原因。

生活中有很多狀況都可能引起受害者意識，我會在書中詳細解說這些狀況。相信經過書中的引導，大家一定能對受害者意識更覺知。

一個罹患慢性病的人，若能覺知、接納並消融受害者意識，個性必將改變，慢性病也將隨之不藥而癒。如果他能再改變慣性對應模式，慢性病將療癒得更快。倘使他還能靜心、進行健康冥想以及創造自己的快樂，尤其是創造成就感的快樂，慢性病的療癒絕對指日可待。

只要細讀這本書，並以書中方法改變自己的個性，不論有什麼慢性病，都一定可以改善，甚至療癒。或者也可以說，讀過這本書，人人都可以成為自己的「身心靈醫師」，為自己療癒疾病，成為一個心靈快樂、身體健康的人！

第1章

身體的疾病都是起因於個性

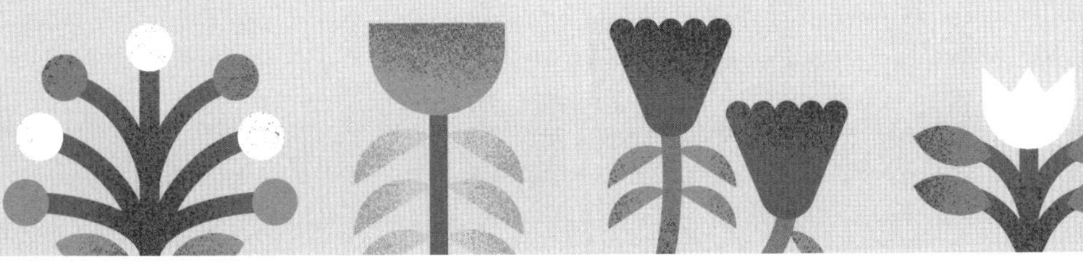

1 每個人都可以成為自己的醫師

上國小一年級時，我還不會綁鞋帶。每天上學前，我都會請媽媽幫我綁好鞋帶。到了學校之後，我總是小心翼翼，唯恐鞋帶會掉，若是掉了，可就得麻煩同學幫忙。每次同學幫我綁鞋帶時，都是我站著，同學蹲下來綁；那樣的場景彷彿我是個什麼都不會的公子哥兒，感覺很囧。

後來有一天，某個同學跟我說：「綁鞋帶很簡單啊！就是這樣綁，來，我教你！」於是他一次又一次地教我怎麼綁鞋帶，我也一次又一次地練習，而後我就學會了。

從此以後，我就不需再依賴同學幫我這個忙，也不必戰戰兢兢的，唯恐掉了鞋帶。如果我學不會自己綁鞋帶，只要鞋帶掉了，就得依靠「綁鞋帶專業人士」，也就是我的同學。

上大學之後，因為學校沒有學生宿舍，我跟三位同學合租一間公寓，四房一廳，四人各住一間房，還有共用的客廳與廚房。以往在家，都是媽媽為全家料理三餐，我從未學過任何廚藝，連煎蛋都不會。上大學後，我的三餐全都外食，午晚餐一律在自助餐廳打發。

某個假日，屋外下起了傾盆大雨，我看那雨勢，心想若出門外食，一定會淋得一身濕，於是向室友抱怨，說天降大雨，無法出門用餐，今天要餓肚子了。一位室友對我說：「我還有麵條跟蛋，你可以煮個麵，煎個蛋，解決一餐。」我告訴室友，我不會煮麵，也不會煎蛋，他說：「我教你，這很簡單。」於是他帶我到廚房，那是我第一次煮麵與煎蛋。

室友一邊教我煎蛋，一邊告訴我：「做菜其實很簡單，如果你不學習做菜，三餐就都只能交給外面的餐廳了。」

是的！如果我不學習自己做菜，只要肚子餓，就必須依賴「做菜專業人士」，也就是餐廳的廚師。

在醫學院求學時，我學習了許多醫理及醫術，再經過醫院的訓練，成了家庭醫學專科醫師。在多年的醫療門診中，我曾醫治過許多人。

雖然我自己是醫師，不免也會生病，每當我生病時都會想，人們生病真的都得靠醫師治療嗎？難道醫療不像綁鞋帶或做菜，只要自己學會綁鞋帶，就不必依賴「綁鞋帶專業人士」；只要自己學會做菜，就不必依賴「做菜專業人士」？

後來我學習了「身心靈整體健康」，明白所有的疾病都是內在衝突的顯現，只要消融內在衝突，就可以治癒疾病，這才恍然大悟，原來每個人真的都可以為自己治療疾病，而不必總是依賴「醫療專業人士」，也就是醫師。

這本書就是我多年來從事身心靈治療的心得。我將引導大家成為自己的醫師，既能為自己治病，也能為自己創造更完全的健康。

2 身心靈整體健康三大絕招

每個人都可以成為自己的醫師，為自己治病，並為自己創造健康。然而，一個人生病時，若是不會自我治療，就只能把治病的責任交給「醫療專業人士」，也就是醫師。

治病跟綁鞋帶、做菜可是不同的，綁鞋帶不論是自己綁或請他人綁，結果都大同小異；做菜也是如此，如果廚藝差不多，自己做菜或請他人做，都可以做出一盤好菜。然而，治病可就不一樣了，自己的身體自己最了解，因此，「自己治」比「請醫師治」，更有效。

從身心靈整體健康的觀點來看，身體是心靈的一面鏡子，疾病是內在心靈衝突的外在顯現。慣性的內在衝突可稱為一個人的個性，慢性病即是個性在身體上的展現，因此，若想療癒慢性病，就必須改變個性。醫師只能治療身體的症狀，無法改變一個人的個性，故而醫學大多只能「治標」，無法「治本」。若想徹底療癒慢性病，就必須改變個性、創造快樂。

改變個性、創造快樂、擁有健康的三招是「覺知」、「安心」與「創造」。第一招「覺知」：如果想改變個性，首先必須認識自己的個性。若想認識自己的個性，就必須對自己的所思所想保持覺知。

頭腦中的思想是川流不息的，若要覺知頭腦裡的每一個念頭，會使人非常疲憊，因此建議大家在所有念頭中，只要覺知負面念頭即可。

不過，對許多人來說，「負面念頭」一詞可能過於含糊籠統，因此更明確來說，最需要覺知的就是「受害者意識」的相關念頭。

本書會詳細介紹各式各樣有關「受害者意識」的念頭，只要順隨書中的引導，就能愈來愈覺知自己的「受害者意識」。

所有慢性病都起因於「受害者意識」，只要「受害者意識」消融，慢性病一定可以不藥而癒。不當受害者，你就百病全消。

覺知並消融「受害者意識」，繼而轉化出快樂的個性，正是療癒百病的不二良方。

第二招「安心」：身體本就有自我療癒的能力，但一顆不安的心只會讓身體焦慮煩亂，也無法療癒自己。因此，我會引導大家安心及靜心，讓心靈安頓、能量穩定，身體就會愈來愈健康。

第三招「創造」：若想擁有全然的健康，就必須創造快樂。快樂與熱情是健康的最佳能量，最深的快樂無非就是創造成就感，我會引導大家奔赴夢想，創造成就感。當一個人因擁有成就感而快樂時，身體自然就會健康。

只要在生活中熟練「覺知」、「安心」與「創造」三招，每個人都能自然改變個性、創造快樂，並擁有全然的健康。

3 與其要治病，不如改個性

我從事醫療工作已經近二十五年了，行醫生涯中，看過無數患者與病症。

在我的診療工作中，我會以藥物或西醫方法治療個案，也會在每位患者描述病況時，以身心靈醫學的觀點，傾聽他們的心聲。

多年的臨床經驗，我非常確定，每個人的疾病都是他心靈的顯現，世上沒有任何疾病是只屬於身體的，所謂的疾病都是內在衝突的映照，只要內在衝突消融，疾病也就隨之消失了。

從身心靈醫學觀點，我可以明確地告訴大家，所有的慢性病都是「個性病」，每種慢性病的病根都在「個性」，因此，若想完全療癒慢性病，唯一的方法就是改變個性。

所以，我要請大家記得這四句口訣：

身病非真病，真病是個性；與其要治病，不如改個性。

許多人生病時，都習慣找西醫診治。當代主流醫學的西醫既有精密的儀器可以發現病灶，也有藥效良好的藥物以及精細的手術技巧，可以解決患者一時的病痛，但西醫並不能改變患者的個性，故而難以根治疾病。

比如某個患者苦於肩頸痠痛，西醫診斷出他罹患頸椎骨刺，而後為他進行脊椎減壓（Decompression）與融合（Fusion）手術，去除他的肩頸疼痛。然而，醫學既無法讓他改變生活習慣，也無法讓他從此擺脫「頸椎長骨刺的性格」，因此若是性格不變，他可能會在一段時日之後，又開始肩頸痠痛。

西醫大多只能治標，無法治本，因為西醫是針對症狀來治療，而非針對症狀的本源，也就是個性來根治。因此，不論西醫再怎麼發展，西醫師再怎麼高明，都很難根治疾病。若想根治疾病，就必須改變個性，而改變個性就只有患者本人做得到。

若想改變個性，就必須認識自己的個性，要認識自己的個性，就必須保持覺知，因此，「身心靈整體健康三招」中的第一招就是「覺知」。

個性是屬於自己的，卻不見得每個人都認識自己。比如我在門診中，就聽過某些糖尿病患者明明煩惱極多，卻告訴我：「我一切都看得很開。」也有些高血壓患者明明個性急躁，卻跟我說：「我從來不覺得有什麼壓力，個性很淡定。」還有些癌症患者明明眉頭深鎖，一臉憂愁與落寞，說的卻是：「我的個性一直都很開朗、陽光，不知道為什麼會得癌症？」

如果不認識自己，就無法改變自己。認識自己是改變自己的第一步，唯有真切認識自己，才能改變個性，創造健康的身心靈。因此，請大家一定要記住：

身病非真病，真病是個性；與其要治病，不如改個性。

4 自己的健康自己救

「我叔叔去年罹患四期胃癌，已經接受全胃切除及多次化療，目前腹水很嚴重，醫院建議轉為安寧療護，請問叔叔還能怎麼積極治療呢？」朋友問我。

「那麼，請問妳叔叔有強烈想活下去的欲望嗎？」我問。

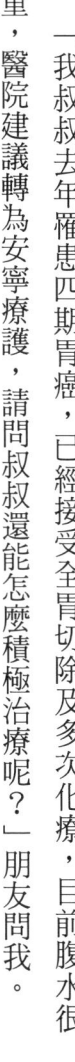

她說：「有啊！他的求生意志非常強烈，家人也都希望他活著。」

我再問她：「請問妳所謂的求生意志強烈，是指他非常害怕死亡？還是他積極想活出自己的人生？」

「求生」有兩種解釋，一種是怕死，另一種是想活出精采的人生，這兩種解釋可是天差地別。就好像男女朋友感情不睦或是沒感覺了，想分手卻又怕改變，然而繼續在一起，卻也沒有認真經營感情的欲望。這可不能說這對男女還在積極創造兩人的甜蜜關係，他倆只是害怕分手罷了。

朋友想了想，告訴我：「這我就不清楚了，不過，我叔叔想知道，哪家醫院的安寧病房會積極治療，他還想積極治療。」

我告訴她：「醫院若是建議轉安寧療護，應該就是在評估後，認為已經不適合積極治療，才會轉到以症狀治療為主的安寧病房。」

她又問：「還是他可以改為身心靈治療？那可以請你推薦一位心靈老師，幫他積極做身心靈治療嗎？」

總而言之，她的叔叔不想死，還想「積極治療」，但他所認為的「積極治療」，不是請西醫幫他積極治療，就是請身心靈老師幫他積極治療，他本人的「積極」，只是「積極」配合時間就診，或「積極」遵照醫囑用藥。

我對她說：「真正的身心靈治療，是在聽課或跟老師對談後，積極改變自己的個性，也就是說，如果想從心靈治癒，自己的努力必須十倍百倍於老師，才是真正『積極』療癒自己的健康。請問妳叔叔願意嗎？」

她想了想，說：「這……我不知道他願不願意，還是我再幫他問問哪裡有可以積極治療的西醫好了！」

她離去後，我想了想，對於某些人來說，寧可期待別人來救自己，也不願下功夫改變自己的個性，這就是許多人的迷思。

因此，我要提醒學習身心靈的學員們，自己的身體自己救，療癒的本源靠自己。西醫、中醫都可以幫忙你，但若你真要讓自己健康，一定要積極轉化出快樂、自在的個性，才能讓身體真正健康而靈活。

5 哪個地方沒有塵蟎？

有位個案憂心忡忡地問：「我最近去做過敏原檢測，結果顯示粉塵蟎（D. farinae）過敏，難怪我不論走到哪裡都會打噴嚏，但世界上有哪個地方是沒有塵蟎，我實在不知道該怎麼做？」

的確，在地處亞熱帶的台灣，很難找到沒有塵蟎的地方，不論是出門，或是家中的地毯、棉被、床墊、枕頭，簡直無處不塵蟎。有些人為了除塵蟎，還買了除蟎吸塵器，但不論怎麼吸，家裡的塵蟎就是除不盡、殺不完。

不過，雖然有人為塵蟎所苦，卻有更多人對塵蟎沒有任何反應。

如果一個人想完全擺脫塵蟎過敏之苦，可以有兩個做法，一是將塵蟎除盡，二是改變自己的體質，讓自己變成不會對塵蟎過敏的人。

大致說來，凡有過敏體質的人，人格特質幾乎都是心思較為纖細，對他人的言行、表情、眼神都較為敏感，甚至容易做出負面的解讀，使自己感覺不舒服。

若是想改變成不易過敏的體質，就必須學習讓自己的心安頓下來，不再讓身邊的微風，輕易吹皺自己內心的一池春水。當內在的安心顯現為外在健康的身體，就不會再對塵蟎等物質那麼敏感了。

在改變的過程中，可以「內外並行」，於外在而言，可以選用防蟎寢具或洗衣精、保持室內通風潔淨、使用除濕機等，而從內在來說，可以經由學習與靜心，改變自己的體質。

經過慢慢調整，將會發現，塵蟎或許依然存在，卻漸漸不再對塵蟎過敏了。

我曾有位個案常常到醫療院所，卻從不看病。問他到醫療院所做什麼？他說：「現在媒體經常報導，說空氣中的 PM2.5 汙染多麼嚴重，我想 PM2.5 無處不在，想躲也沒處躲，思前想後，應該只有醫院的空氣不會有 PM2.5，所以才整天躲在醫院。」

當前的空汙問題的確嚴重，根據學者研究，PM2.5 對肺功能也確實有影響，不過，即使是吸同樣的空氣，也不是每個人都會被 PM2.5 所害。

愈是健康的肺，愈不會輕易生病。從心靈的觀點來說，肺的健康與否，取決於一個人能不能自在的以言語流動情感，愈能自在表達情感的人，肺愈健康。然而，並不是每個人都能自在的以言語流動情感，表達情感是需要學習的。

一個人若想讓自己的肺健康，可以從內在改變想法與能量，讓自己更輕鬆地表露出情感，這麼一來，他的肺必將更健康。

身體是心靈的一面鏡子，許多人生病時，總是想方設法要從外境去解決病因，卻往往發現徒勞無功，即使外境的原因去除了，疾病卻依然無法療癒。而從心靈的觀點來看，若真想療癒疾病，就必須改變內心。疾病都是起自內心的衝突，內心若能安頓及轉化，疾病往往也就不藥而癒了。

6 醫師，我的藥會不會愈吃愈重？

有位患者因感覺頭很沉重，來到我的門診，量過血壓後，顯示他血壓過高。我問他：「你之前是不是就血壓偏高？」他說：「不知道。我從沒量過血壓，不曉得以前有沒有高血壓，但我頭重重的狀況已經有段時間了。」

我跟他解釋：「其實高血壓患者多半都個性急、掌控欲強。」並說明了高血壓的藥物治療。他聽完後擔心地問：「那請問降血壓藥要吃一輩子嗎？」

即使知道高血壓是「個性急、掌控欲強」在身體的顯現，但許多患者憂慮的不是自己有這種個性，而是擔心會不會吃一輩子的藥。

打個比喻，某人家裡的天花板下雨天漏水，滴得地板到處是水，於是買了吸水性最強的抹布來吸地板的水。他只擔心是不是每次下雨，他都得擦地板擦得要死，卻沒想過只要將天花板修好，杜絕漏水，就沒有雨天擦地板的問題了。你說他是不是本末倒置？

但很多人在治病時，往往就是這樣本末倒置，只擔心吃藥，卻從不擔心導致疾病的個性，更沒想過要改變個性，以根治疾病。

如果患者說的是：「原來高血壓是因為我個性急、掌控欲強，那我要把個性改一改了。我可不希望自己一輩子都在吃降血壓藥。」

那我相信他的個性已經開始改變了。只要個性不再那麼急、能放下掌控欲，血壓就會隨之穩定，甚至能夠痊癒，當然就沒有吃一輩子藥的問題了。

有些患者服用藥物後，血壓還是居高不下，只好反覆改藥、加藥，這樣的患者大多會問我：「我的藥會不會愈吃愈重？將來會不會吃什麼藥都沒用？」

如果患者明白「身體是心靈的一面鏡子」，或許會說：「難怪藥怎麼改都不見效，看來我的個性再不改，恐怕什麼藥都搞不定我的血壓。畢竟真正有問題的是我的個性，而不是血壓。」

只要患者能這麼想，那麼不論他改變了多少，都已經踏上療癒之路了。

一個想治好自己的病人，與其問要不要吃藥、要吃多久的藥、藥會不會愈吃愈重，還不如問如何經由疾病去認識自己、了解自己並改變自己。只要能轉化出全新的自己，疾病自然不藥而癒，人也就活得更健康了。

7 生病後，你想改變的是什麼？

「聽醫師說我罹患大腸癌後，我回家後做的第一件事，就是把家裡的淨水器換掉，俗語說『病從口入』，我仔細回想，可能是因為我住的地方水質太髒，我家淨水器的過濾品質又不好，我喝了幾十年壞水，才會得大腸癌。」一位大腸癌個案這麼告訴我。

就像這位個案一樣，許多癌症患者得知自己罹癌後，都會去探索可能的致病原因，並做出相應的改變。而從他們做的改變可大致推知，他們認為導致自己罹癌的罪魁禍首是什麼。

很多癌症患者都說，他們會生病是被食物或水害的，他們是水或食物的受害者，所以生病後會仔細挑選有機或無毒食材、更換家裡的淨水器，以免繼續被

「壞食物」或「壞水」荼毒。

選擇吃喝乾淨的食物或水，是對身體表達善意，但如果不認識生病的真正原因，把責任一股腦兒推給水或食物，那麼即使喝了乾淨的水、吃了有機食物，依然會對它們戰戰兢兢或心生抵抗，在喝水或進食的同時，身體也會承受抗拒的負面能量。

為了讓人們知道「心靈的衝突」才是生病真正的原因，我已推廣身心靈整體健康多年，但時至今日，我依然很少聽到患者告訴我：「打從醫師說我罹患大腸癌後，我就知道自己的個性該改一改了。身體是心靈的一面鏡子，疾病是個性的顯現，我就是用這種個性生活了幾十年，才會得大腸癌。所以我決定修正我的個性，讓自己活得更快樂，我相信這才是療癒大腸癌最好的方法。」

如果患者這麼說，那麼無論他的個性改了幾分，他都已經走在療癒之路了，因為「改變個性」比「改變淨水器」與「改變食物」更切實、更有效。

還有患者告訴我：「自從被診斷出肺癌之後，我就知道自己不該繼續待在這個烏煙瘴氣的城市了，生活在空氣汙染這麼嚴重的地方，每天吸 PM2.5，不得肺癌才怪。我已經請朋友在花東幫我物色房子，準備搬到花東，好好調理自己的肺。」

患者認為肺癌的罪魁禍首是汙染的空氣，因此想搬到空氣清新的花東，但如果他知曉「身體是心靈的一面鏡子」，或許就會說：「自從被診斷出肺癌後，我領悟到自己把話都憋在心裡的個性，不能再持續下去了。我心裡有一大堆委屈、憤怒，想講又不敢講的話，導致我的肺累積了一大堆烏煙瘴氣的能量，這就是我得肺病的原因。現在我開始改變自己的個性了，若能因此自在地表達自己，相信我的肺一定會變得清新又健康。」

當你生病時，請你問問自己，若想療癒自己，你第一個想改變的是什麼？如果你最想改變的是個性，那麼恭喜你，你已經開啟了療癒的契機。

8 身體比頭腦還老實

「醫師，你幫我看看，這是我昨天在醫學中心開的藥。」一位五十多歲的女性進到診間來，從包包中拿出她的藥袋。

「不知道為什麼，我昨天晚上左胸忽然很悶，那感覺很像自己快死了，我就趕快到醫學中心掛急診。結果一查，我血壓一九〇，心電圖還好，醫師開給我兩種血壓藥。但今天我量血壓，又不怎麼高，你覺得我需要吃這些藥嗎？」

聽完她的描述，我看了看她的藥，問她：「妳昨天血壓飆高時，正在做什麼？當時有沒有什麼讓妳憤怒或激動的事？」

她想了想，說：「沒有啊！我沒有在想什麼，也沒什麼讓我心情激動的事。」

我又問：「是這樣嗎？」

她頓了頓，說：「不過，我最近很氣我女兒，上個月我發現她愛上了一個大她十歲的有婦之夫，我叫她分手，她卻說那是真愛，還頂嘴說我不懂，我真快被她氣炸了。

「跟女兒吵了幾次之後，她依然故我，我知道生氣也沒用，就告訴自己想開點、不要想，只要怒氣一來，我就去讀經，讓自己不要一直想那件事。這個禮拜以來，我以為我已經沒那麼在乎了，所以才會說我沒有在想什麼，也沒什麼讓我生氣的事。」

我告訴她：「那妳有沒有發現，身體比妳還懂得妳的心？妳以為自己已經不生氣，也不在乎那件事了，但其實妳內心還在生氣，身體懂妳真正的感覺，所以妳才會血壓升高，心臟也不舒服。」

她想了想，說：「真的耶！即使我告訴自己不要想，但心裡還是很生氣，難怪血壓會飆高。」

從這個故事可知，人的頭腦常常會欺騙自己。每次我問個案有沒有什麼可能導致他生病的想法，對方都會說「我沒在想什麼啊」、「我都盡量往好的方向想」、「其實也沒什麼好擔心的」，但他們的身體卻不是這麼反應的。

即使頭腦認為自己想開了、沒想什麼、往好的方向想，身體依然焦慮、擔心、恐懼，這才是導致症狀或疾病的原因。

如果你不太清楚自己的想法與情緒，那你可以問問你的身體，因為身體往往比頭腦還老實。

頭腦有時會說謊，身體卻不會說謊，如果你想真正認識自己，不妨跟身體聊聊天，看看身體會跟你說什麼。

9 因為你老了？

「你的腎臟功能不太好喔！」醫師對一位高齡患者說。

「有多不好？要洗腎嗎？」患者不禁緊張起來。

「還沒到洗腎那麼差啦！從數據來看，你的腎臟大約只剩百分之五十的功能。」醫師再解釋。

「請問醫師，我腎臟功能不好是糖尿病導致的嗎？可是我血糖控制得還不錯，醣化血色素也維持在標準值，為什麼腎臟功能還會變差？」患者不解地問。

「的確，你這幾年的血糖都維持得不錯，腎功能變化也不大。或許腎功能的退化是老化引起的吧？」醫師這麼說。

患者聽聞後，點了點頭。

類似這樣的問與答，在門診中司空見慣，曾有高齡患者問我：「醫師，不知道為什麼，我最近睡覺時，腳都會抽筋？」我還沒回答，家屬已搶先說：「爸！你問這個，叫醫生怎麼回答你？腳抽筋的原因就是你老了啊！」

也有高齡長輩在門診時會抱怨：「人老了真的很不好，從前年輕時，什麼病都沒有，哪知老了以後，高血壓、糖尿病都來了，而且只要天氣稍微冷一點就感冒。」

相信許多人在身體有症狀或生病時，不論是自己解讀，或詢問醫護人員，得到的答案都是：「你之所以會生病，是因為你老了。」或者說：「機器用久了，本來就會壞，身體用了數十年，怎能不生病？」

彷彿只要將生病原因歸咎於「老」，人們就不用省思自己「吃錯了什麼？做錯了什麼」，也就無須為「吃錯」或「做錯」而懊惱後悔，畢竟「老」是生理過程，不管你願不願意，每個人都會變老。如果生病的原因是「老」，而「老」又無可逆轉或改變，那人對於「疾病」也就莫可奈何了。

但「老」真的會導致生病嗎？我在門診看過多位百歲人瑞，依然耳聰目明，讀書、看報、騎腳踏車都沒問題，可見「老」跟「病」並沒有絕對的關係。

若說「老」跟「病」最可能的相關應該是：當一個人老了，他的信念也固著了，於是顯現在身體上，就可能成為疾病。

所以「信念的衝突」才是生病真正的原因，身體是心靈的如實呈現，不論一歲或一百歲皆然，與其將病因歸咎於無法改變的「老」上，還不如認真覺知自己的信念。

不論你現在幾歲，如果你想治癒疾病，都請你覺知並改變自己的信念，只要信念一改，疾病也就不藥而癒了。

10 學習的心，讓你年輕

常聽同事在問：「弟弟，pdf 檔要怎麼轉成 word 檔？」「妹妹，微電影的音樂要怎麼配，才能跟畫面互搭？」

相信很多人都這樣，一旦遇到電腦或手機的問題，第一個想到的就是請教辦公室中最年輕的「弟弟」或「妹妹」。

從前長輩常會說「我吃過的鹽比你吃過的米還多」、「我走過的橋比你走過的路還多」，長輩的經驗似乎總是比晚輩豐富。然而遇到電腦或手機問題時，多數人都不會信任長輩，而會請教年輕一輩，彷彿人年紀愈輕，3C 產品的知識就愈豐富，這就像在對長輩說：「對啊！你的確吃過很多鹽巴，但我們現在討論的是馬卡龍，你不只沒吃過，還可能沒聽過。」

我自己也是如此，我的醫療作業系統有時會出狀況，請電腦公司來修理時，工程師有好幾次對我說：「這是oracle的問題。」我總是點點頭，反正只要工程師能修好系統，我能繼續作業就好。

若有同事問我電腦哪裡出狀況，我也會複誦工程師的話：「是oracle的問題。」但講了十幾年的「oracle」，我其實並不知道「oracle」是什麼，也從未想了解。若「oracle」出狀況，我還是會先求助於「弟弟」或「妹妹」。

在身心靈團體上課多年後，我才驚覺，原來大多數人都認為：學習新東西是年輕人在做的事，尤其是3C或其他電子產品，彷彿只有年輕人才學得會。

不過仔細想想，弟弟懂得將pdf檔轉成word檔，妹妹會製作微電影，不見得是因為年輕才學得會，而是因為他們對電腦有興趣，樂於學習及嘗試。

「長輩」之所以對電腦陌生，往往是因為「長輩」一遇到電腦或手機的問題，就會恐懼、害怕、求救，認為自己看不懂、學不會，擔心錯按一個鍵，檔案就會消失或電腦就毀了，所以寧可依賴及拜託「弟弟」、「妹妹」幫忙解決問題。

身體是心靈的一面鏡子，樂在學習的心有彈性，身體也就靈活青春，外貌自然顯得年輕，而抗拒學習、逃避學習、害怕學習的心較為僵化，身體就比較老化及遲緩，人也就顯得蒼老。或許這就是「弟弟、妹妹」看起來是「弟弟、妹妹」，「長輩」看起來就是「長輩」的原因，不見得全與生理年齡相關。

很多人都追求年輕，渴望「凍齡」或「逆齡」，卻不知真正的年輕並非保養品創造出來的表面年輕，而是從內在年輕出來的。而所謂的「年輕的心」就是對世界好奇、渴望探索、樂於學習的心。

想以蒼老而僵化的心，創造年輕有彈性的外貌，無異緣木求魚，若真想有年輕的外貌，還得先從擁有一顆年輕的心開始，所以讓我們一起來學習、一起年輕起來吧！

好吧，那我先來研究一下 oracle！

11 給身體一個交代？

據說慈禧太后的養生之道之一是：每天午膳過後走九百九十九步，這也是她長壽的原因之一。

不只慈禧太后有獨到的養生之道，一千個人可能有一千種不同的養生方法，有人著重運動、有人著重飲食、也有人著重內在的喜樂。

養生之道雖有千百種，但養生之道的發心可概分為兩種：一是真正喜歡運動等養生活動，二是為了給身體一個交代。

什麼叫「給身體一個交代」？以慈禧太后為例，若有機會穿越時空，我會想問她：「您每天走九百九十九步是因為喜歡散步，還是因為身體需要活動，所以規定自己每天走九百九十九步，好給身體一個交代？」

慈禧太后是問不到了，但公園每天都有很多散步、慢跑或做健康操的中老年人，你大可問問他們為何來運動？

真心喜歡運動的人，一天不運動就渾身不來勁，他們可能早上一起床，喝杯水帶條毛巾，就迫不及待到公園運動。有些人每天到公園運動卻是因為：「要活就得動啊！不運動的話，只怕體重愈來愈重，血壓、血糖也會升高，還可能會生病。」這種人之所以運動，只是想給身體一個交代。

兩種心態是截然不同的，比如一大早起床，天若下起大雨，熱愛運動的人可能會唉聲嘆氣，因為最愛的運動被迫停止。不愛運動的人看到天降大雨，可能會暗自竊喜：「這是老天爺不讓我運動，不是我不運動哦！」或許他們仍會擔心不運動會生病，就在自家客廳踱踱步，當是給身體一個交代了。

如果只是想給身體一個交代，那麼交代有了，當然就不用再做多餘的運動了，比如我家有位長輩每天走路一千步，每天散步時，他都會計數，從出門到進門，恰好一千步，一步都不多走。

有次我要出門，邀這位長輩同行，他問：「出門要走路嗎？」我點點頭，他回我說：「那你應該昨天就先約的，今天我已經走完一千步了，現在出門再走，那我早上走的就是多走了。」我這才知道原來他走路全是為了對身體交差。

從身心靈的觀點來看，運動的起心比運動更重要，為了給身體交代而散步或慢跑，只是在活動筋骨。若以快樂的心運動，除了活動筋骨外，還能給身體滿滿的活力與能量，快樂之心創造的能量才是健康真正的活水源頭。

如果你也曾以「給身體交代」的心運動，明天起何妨改一改，既然都要運動了，不如以一顆快樂的心，高高興興出門運動去。

12 以快樂的心飲食

養生之道千百種，養生的心態則可概分為「喜歡養生之法」與「給身體交代」兩種。

心態不同，衍生出來的想法也不同，喜歡運動的人如果一陣子無暇運動，就會覺得渾身不對勁，想盡辦法也要撥出時間動動身體、流流汗。而認為運動只是在給身體交代的人，若是沒時間或懶得運動，就會有莫名的罪惡感，因為他沒完成該交的作業，對身體無法交代。但這樣的罪惡感不但沒必要，還會對身心有害。

因此建議大家想運動時，就開開心心運動去，若真的沒動力運動，也別太勉強，不妨找一兩個好友，一起快樂地去活動筋骨，不要有什麼罪惡感，負面心態對身體的傷害更甚於沒運動。

除了運動之外，更多人的養生之道是「飲食」。關於飲食養生，我建議的原則是「少量多餐，餐餐輕食」。但就像運動一樣，吃的心態往往比吃下去的東西還重要。

有些人是快樂地吃，有些人則是在給身體交代，就像很多媽媽勸孩子吃蔬菜時會說：「多吃蔬菜，明天便便才會順。」若孩子愛吃肉，媽媽也會說：「別吃太多肉，肉吃太多對身體不好。」孩子只想吃他愛吃的，媽媽卻總在提醒孩子要慎選食物，認為吃得理性才是對身體最好的。

但吃東西並不是在對身體交代，不需要這麼理性嚴謹地看待飲食，吃得營養與健康固然好，但若能同時吃得開心，那更是養生之道。

「少量多餐，餐餐輕食」並不是為了給身體交代，而是可以讓身體最輕鬆。不過，比「少量多餐，餐餐輕食」更重要的還是飲食時快樂的心情。

有些人雖以「少量多餐，餐餐輕食」為飲食原則，卻是因為恐懼被食物傷害。這樣的人看到肉，就先想到肉中富含蛋白質，蛋白質會造成腎臟負擔；看到蛋，就先想到蛋中有膽固醇，膽固醇可能引起血管阻塞；看到任何食物，都會先想到食物中有熱量，熱量可能導致肥胖。對這樣的人來說，吃東西選擇的並不是什麼好吃，而是什麼該吃。

還有些人不只講求輕食，還要求有機與無毒。他們大多唯恐被食物所害，因此挑選食物時總是戰戰兢兢，這樣活著得有多累啊？

「少量多餐，餐餐輕食」是一種飲食原則，但還必須以「快樂」為飲食的心情。若能天天「少量多餐，餐餐輕食，快樂用餐」，就能在飲食中喜樂、在飲食中健康，這才是最好的飲食養生之道。

13 跟你的「身體伴侶」談戀愛

根據兩性專家的觀察，有些夫妻在婚前與婚後、男女朋友在感情穩定前與穩定後，對待對方的態度簡直判若兩人。

比如男人在追求女友時，會在情人節或生日送女友玫瑰花、名牌包或昂貴飾品，或為對方創造意想不到的驚喜。等到婚後或感情穩定後，卻對伴侶變得非常苛薄。他會對錢斤斤計較，不論伴侶飲食、買化妝品或服飾，都會要求對方盡量節儉，不需要花的錢就不要花。

如果雙方都很節儉，準備存下一大筆錢，將來一起買房或旅遊，那就另當別論，但如果男人對自己非常大方，只要是自己想要的，不論手機、服飾、重機等，都毫不遲疑地一擲千金，認為自己想要的，就都是需要的，東西再貴也不會手軟。但錢若花在伴侶身上，一毛錢都要計較。

除了對伴侶花錢的方式前後大翻轉外，還可能婚前非常善於獻殷勤，情人半夜兩點電腦當機，只要一通電話，他三十分鐘內就能出現在人家門口。一旦結了婚，別說半夜，就是白天電腦壞掉，想麻煩他看一下，都會被他翻白眼：「妳沒看到我也在忙嗎？」

但不喜歡被伴侶麻煩的他，卻經常指使伴侶幫他做事，比如銀行的某一筆帳要處理，或工作上有什麼用品需要購買，都要伴侶跑腿辦好。

有些兩性專家認為，這樣的男人前後行為表現大不相同，是因為他認為感情穩定了，就不需要再把錢或精力投資在伴侶身上，還會變本加厲，反過來要求伴侶服務他、成就他。

倘若有朝一日，女人受不了要離婚，男人可能會無法接受，並因此憤怒、焦慮、悲傷等。為了挽回婚姻，可能又會開始送禮物、言語溫和體貼。他的言行不見得是真心的，而是為了挽回對方，刻意表現出來的。

若這個男人與伴侶是被指腹為婚，注定終生都要在一起，不能分居、外遇或離婚，他完全不需要追求，就能擁有伴侶，那他會不會從不曾善待或鼓勵伴侶，只是一再差遣她、支配她、要求她？

身體就像一個人與生俱來的伴侶，打從出生以來，身體就跟你在一起了，你不必追求身體，身體也絕不會背叛你。

那你會不會像那個男人一樣，從來不鼓勵讚美你的身體、做讓身體開心的事，而是不斷批評它不夠美、不夠好，總是把情緒倒給它，要它照單全收，還理所當然地使用它，甚至過度使用也覺得無所謂？

如果你是這樣對待「身體伴侶」的話，一定要改掉這個萬惡的習慣，從現在起，認真學習跟「身體伴侶」談戀愛。

請你相信，身體是有靈性的，當你善待它、珍愛它、鼓勵它時，它就會更健康更美好，也會更長久地陪伴你。

14 善待你的「身體伴侶」

前文提過，身體就像你與生俱來的伴侶，對你從一而終，不離不棄。但它雖然終生跟隨你，卻不見得事事順從你。若你不斷將情緒倒給它、常常恐嚇它外境有危險、或屢屢過度使用它，它也可能會抗議，而它抗議的方式就是——生病。

不知道怎麼善待「身體伴侶」、不明白生病皆起因於自己的人，一旦生病就會怪罪身體、埋怨身體、抗拒身體或厭惡身體，認為是身體在造反、做怪、找自己麻煩、背叛自己等等，而對待身體不適的方法，往往就是吃藥打針，希望身體快點「好起來」，回復原本的健康靈活，再繼續供他驅使。

或許他也聽說過「疾病是個性造成的」，但要他改變個性，他可能會抗議：「我已經改變了啊！你們沒看過以前的我，我以前更固執（更暴躁、更沉悶、更焦慮……），現在已經改很多了，為什麼身體還是沒好？」

其實只要壓力仍在，身體就難以痊癒，就算再怎麼辯駁自己的個性已改，身體依然會如實反應出它所受的壓力。若你不知道怎麼善待「身體伴侶」，那我可以教你「珍愛身體伴侶三大招」——

第一招，讚美你的身體：每個人都需要被鼓勵，「身體伴侶」也不例外。你可以常常跟「身體伴侶」說說話、讚美他。告訴你的心、肺、肝、四肢等，它們真的很棒，你非常感謝它們。當你讚美及感謝身體時，身體就會精神飽滿、活力充沛，因為身體很喜歡被讚美，正如你也喜歡被讚美一樣。

第二招，給身體獨處的時間：感情再好的夫妻，都需要各自獨處的時間，身體當然也需要獨處時間。所謂「身體的獨處」就是睡眠與靜心。因此一定要有充足的睡眠，最好還能常常撥出時間靜心。

人在睡覺或靜心時沒有思慮，身體也就獨處了。獨處時的身體會自動療癒不適之處，這也就是為什麼人在生病時會想睡覺。想睡覺的渴望就是身體在跟你說：「讓我安靜地獨處一下，這樣我們都會更好。」

第三招，傾聽你的身體：就是靜下心來感受你的身體，就像在聽身體說話。當你用心聆聽身體、感受身體時，你會發現身體有某處在跳動，那就是能量在流動的感覺。愈是感受身體，你跟身體就愈親密。

身體是有靈性的，身體不只是「它」，更是「他」或「她」，如果你能真心善待「身體伴侶」，他（她）會非常開心感動，還會因此更健康。

所以請善用這三招，讓你跟「身體伴侶」成為一對甜蜜的戀人，如果你還能改變造成身體壓力的個性，那保證你百病全消，靈活輕鬆如一尾活龍。

第2章

形形色色的受害者意識

15 受害者意識必須除惡務盡？

「受害者意識」是造成人生病，尤其是慢性病最重要的內在因素，從本文開始，我要來談談「受害者意識」，教大家學習面對及消融它。

「受害者意識」就是在面對人與事時，有受害的感覺，並因此有憤怒、焦慮、難過等負面情緒。

有人認為要轉化心靈、創造健康，一定要完全去除「受害者意識」，或完全去除自我，心靈才能全然平安，身體才能全然健康。當一個人毫無「受害者意識」時，就能進入永恆的極樂境界。

然而，人真的可以完全根除「受害者意識」嗎？「受害者意識」又當真是萬惡淵藪嗎？

某日A君外出，忽遇一陣狂風暴雨，被雨淋得一身濕。他向學習心靈成長的朋友B君訴苦：「我被雨淋得很不舒服。」B君卻說：「信念創造實相，因為你內心先有『受害者意識』，才會創造出被淋成落湯雞的實相，所以你必須先去除『受害者意識』，才不會再被外在的狂風暴雨所害。」

但這場狂風暴雨不可能是A君創造出來的，因為狂風暴雨是群體事件，是眾人集體意識共同創造的結果，所以無論A君有沒有「受害者意識」，都可能被淋得一身濕，並因此全身不適。

真要說去除「受害者意識」，應該是：一個沒有「受害者意識」的人，即使被雨淋濕，也不會認為自己被雨所害，然後指責老天爺降雨來淋他。不過，即使頭腦不想，身體仍會有被雨淋得很不舒服的受害感。

但「受害者意識」真的是絕對負面的思維嗎？一個人被雨淋濕時，可能會想：「真倒楣，怎麼會忽然下雨，淋得我全身都濕了。」這個想法正是「受害者意識」，但這個「受害者意識」會讓人設法躲雨，以免被淋得更濕。這樣的「受害者意識」有助於人趨吉避凶，雖是負面想法，卻有正面意義，不見得對人有害。

就像你走在暗夜小巷內，忽然有隻大狗朝你吠了一聲，嚇了你一大跳，你因而萌生了「受害者意識」，但這「受害者意識」是要保護你，讓你加快腳步離開現場，如果沒有「受害者意識」，你豈不是只能等著被狗咬嗎？

真正對人有害的「受害者意識」是「長期不解的受害者情結」，比如這人躲雨後開始想：「怎麼這麼倒楣？計劃了三個月的花東之遊，這下全泡湯了，全家人一萬多元的住宿跟交通費都白花了。」如果暴雨連下三天，那他心中的怨懟也會持續三天，此時他的「受害者意識」就成了「長期不解的受害者情結」，這才是真正傷害人身心的負面想法。

心靈成長與修行的確要轉化「受害者意識」，但要轉化的不是助人趨吉避凶的「受害者意識」，那是人與生俱來的自我保護反應，想轉也轉不了，該轉化的是「長期不解的受害者情結」。

16 覺知你的「受害者意識」

在許多心靈成長的學員眼中，「受害者意識」是十惡不赦的，「受害者」也因此被貼上負面標籤。因此當某些人談起心事時，聽到朋友說「你看，你又讓自己成為受害者了」，會覺得很反感，因為說人家「以受害者自居」，就像在說他毫無覺知、不知自省。

還有人會說：「別人要怎麼說、怎麼做是別人的事，你要選擇當受害者是你的事。只要你不選擇當受害者，就海闊天空了。」這種說法很容易讓人陷入迷思。

假設有個女孩在公車上被人性騷擾，她覺得很不舒服、很憤怒，此時她就是「受害者」，難道此時她還要去覺知「受害者意識」，並轉化「受害者意識」，讓自己的心海闊天空嗎？

想來不會有人認為如此，女孩該做的是在被侵犯、感覺自己受害、萌生「受害者意識」時大聲尖叫，並尋求幫助，將性騷擾她的人繩之以法。這是「受害者意識」讓人保護自我，並化險為夷。

人類之所以能進步，憑藉的力量約有兩種：一是主動追求夢想，二是為壓力所迫，被動前進。如同跑百米，有人是為了追求勝利的錦旗，有人是因為被狗追，不得不往前跑，不過，被狗追的人最後還是可能得到錦旗。

除了自我保護之外，「受害者意識」也可以是促使人前進的動力，很多人都是因為害怕貧窮、擔心失敗等「受害者意識」的驅策，才創造出成功的事業，或改變現實中不合理之處，因此也有人視「受害者意識」為「負面的力量」。

例如一個高中生在學測前，擔心考不上理想的學校，故而認真讀書，最後考出亮眼的成績。怕自己考不上好學校，擔心自己淪為考試成績的「受害者」，於是積極準備考試。對他來說，「受害者意識」就是促使他金榜題名的動力。

但在追求成功的過程中，若只是被「受害者意識」逼著往前跑，那麼就算獲得成功，還是會疲勞不已。若你以往前進的動力都來自壓力，現在不妨調整成追求夢想，用熱情去拿下錦旗，總好過讓狗在背後追。

「受害者意識」不是萬惡淵藪，當你發現自己有「受害者意識」時，別急著排斥它，而是要先覺知你的「受害者意識」是哪一種，如果能讓你趨吉避凶，那就順著它行動，讓自己轉危為安；如果它會逼著你前進或改變，就試著將它轉化成追求夢想的動力；但如果是「長期不解的受害者情結」，那就真的需要用心消融了。

一個人若常常感覺自己是「受害者」，那他就是有「長期不解受害者情結」的個性，想改變個性，消融「受害者情結」，就必須從生活中觀照「受害者意識」。

接下來我會介紹可能引起「受害者意識」的各種狀況。人的頭腦中有形形色色的「受害者意識」，有些既不能讓人趨吉避凶，也不能促使人前進，只會令人焦慮、恐懼、痛苦，所以我會引導你覺知、接納及消融這類「受害者意識」，進而消除「長期不解的受害者情結」，讓你能心靈喜樂，身體健康。

17 他是在找我麻煩嗎？

「請問妳明天要去台南嗎？」朋友問小美。

「是啊！怎麼了？」小美回答。

「那妳能不能順道到台南市×××路幫我買鳳梨酥？那家的鳳梨酥超有名、超好吃。」朋友說。

小美遲疑了片刻，回說：「沒辦法喔！因為我是要到台南的安平，跟你說的那一區方向相反，所以無法幫你買。」

朋友笑了笑：「好的，沒關係，那謝謝妳囉！」

兩人對話結束後，小美卻開始了內心戲。

她隨即打電話向另一位朋友抱怨：「你知道×××有多離譜嗎？我說我要

去台南，他竟然叫我順便幫他買鳳梨酥。台南那麼大，我怎麼可能剛好路過他說的那家店？他還好意思問我順不順路，用膝蓋想也知道不順路。

「他一定是看我好說話、好欺負，才會想凹我專程去幫他買。其實我也可以特地繞過去買，但我就是不想答應他。我就是要讓他知道，不能隨便凹我。」

小美顯然萌生了「受害者意識」，她忿忿不平，不停地抱怨。

類似的狀況在人際關係中屢見不鮮。我也曾多次聽聞朋友生氣地抱怨：「你知道那個××嗎？他昨天竟然開口跟我借五萬塊。奇怪了，他不知道我的經濟狀況沒比他好到哪裡去嗎？我哪有五萬塊可以借他？」

我問：「那你後來有借他嗎？」

他說：「沒有啊！他說要借錢，我推託了幾句，就拒絕他了。」

我再問：「既然沒借，你為什麼這麼生氣？」

他說：「我當然生氣，他明知道我不一定有錢，還開口向我借錢，這不是故意找我麻煩，害我為難嗎？我雖然拒絕了他，但還是一肚子氣。以後看到他，我一定要閃遠點，免得看到他就討厭。」

還曾有人告訴我：「昨天我跟同事說我中了統一發票兩百元，你知道我同事多惡劣嗎？他們竟然起鬨，要我請喝飲料。我真的快氣炸了，辦公室七八個人，真要請大家喝飲料，三百塊都不夠。中獎是我運氣好，憑什麼要我請客？雖然我拒絕了他們，但我還是愈想愈氣。」

人際關係往往就像這樣，有人提出要求，被要求者的「受害者意識」自然就冒出來了。有些人會希望凡事能符合別人的期待，若是拒絕對方，無法符合對方的期待，就會轉而厭惡或抗拒對方。這樣的人會怪罪對方提出不合理的要求，害得自己成為拒絕對方的「壞人」，因此萌生了「受害者意識」。

若想消融這種「受害者意識」，就必須學會覺知。當你發現你拒絕別人的要求之後，會怪罪對方提出為難你的要求，「害」你很尷尬時，就必須覺察自己其實正在演出一場自以為是的內心戲。一旦覺知這是因「受害者意識」而生的想法時，就能中止自己的內心戲，「受害者意識」也會因此消弭，你的心情就會輕鬆許多了。

18 被拒絕的「受害者」感覺

拒絕別人可能陷入「受害者意識」，但被拒絕的人更可能有「受害」的感覺。

比如我曾聽C君生氣地說：「你知道×××嗎？我還以為我們是好朋友，想不到我上次想跟他借三萬塊，他竟然一口回絕我!?

「我知道他經濟狀況還不錯，才厚著臉皮向他開口。結果他支支吾吾了半天，說什麼手頭上沒現金，就回絕了我。他以為我很好騙嗎？不想借就明講，何必編理由？以為我只有他一個朋友嗎？他不借我，我就不能找別人借嗎？

「我看他就是瞧不起我，才不想借我錢。朋友有通財之義，可見他根本就不算朋友。×××你給我記住，囂張的沒有落魄的久，現在我有困難，你連個小忙都不肯幫，將來你要是落難來求我，看我會不會理你？」

C君顯然是在被拒絕後，落入了強烈的「受害者意識」，認為朋友不願借錢給他，就是看不起他，心中充滿了怨懟。

類似的情況我還聽D君說過：「我上禮拜業務上有些問題不會處理，去跟一位同事請教，他請我等他一下。你知道我等了多久嗎？半小時！他竟然讓我站在旁邊半小時。

「他一下子打電腦，一下子打電話，我覺得他一定是不想教我，才故意拖時間，看我會不會知難而退。但我還是很有禮貌地繼續等他，雖然有點不耐煩，但心想既然是我麻煩人家，等一下也是應該的。可是我又想，他以為他是誰啊？他只是同事，又不是主管，叫我在旁邊罰站，他都不會不好意思嗎？

「好不容易等到他手上的事告一段落，我連忙提出我的問題，結果他聽完第一句話竟然說：『奇怪！你進公司幾年了？怎麼會連這個都不會？』聽到這句話，我火氣都上來了，但畢竟有求於人，只能忍氣吞聲，繼續聽他說。

「他以為我非問他不可嗎？我不過是看他比我資深，懂的應該比我多，才請教他的。擺那什麼臭架子，好像我在找他麻煩似的，真是氣死我了！」

D君請教同事問題時，顯然也是因為「受害者意識」而導致內心百轉糾結，認為自己被欺負。

我還曾聽E君說：「上次我在做帳時，Excel檔怎麼調整都有問題，於是我就去請教公司一位電腦高手。

「想不到我才剛說完問題，他竟然說：『這問題你不是問過了？我記得上次跟你說得很清楚，你怎麼又忘了？』我心想，你有必要這樣羞辱我嗎？我年紀比你大，記憶力不好，忘了不行嗎？

「電腦好就了不起嗎？跩個二五八萬的，以為我只能請教你嗎？公司會Excel的又不只你一個，我請教你是給你面子。既然你態度那麼差，那下次我問別人好了。」

諸如這樣的「受害者意識」，若想消融，方法無他，只要在內心開始演戲或喃喃自語時，隨即覺知，「受害者」的感覺即可能終止，心也就能變得自在。

19 不願意接受的，千萬別勉強答應

為了建立和諧的人際關係，有人認為他人有求於己時，若是拒絕對方，可能會破壞彼此情誼，因此只要能力所及，能幫忙就盡量幫忙、能滿足對方就盡量滿足對方，盡可能不拒絕對方。這類人在別人眼中或許是個好相處的人，卻可能讓自己陷入「受害者意識」。

我就曾聽朋友說：「唉！今年除夕我無法跟家人圍爐吃年夜飯了，因為我要值班。本來那天不是我值班，但同事找我換班，我就跟她換了。可是我真的很想跟家人一起圍爐耶！」

我問她：「既然妳這麼想跟家人圍爐，為什麼要答應換班？」

她說：「我也很無奈啊！春節的班表排出來後，被排到除夕值班的同事拜託我，說她除夕一定要跟老公回公婆家吃年夜飯，否則公婆跟老公的臉色都會很臭。又說同事中只有我沒結婚，除夕不必回公婆家，所以只能拜託我了。

「可是那天我們家兄弟姊妹都會回來，我也想跟家人圍爐守歲、玩牌聊天。但又覺得她說得沒錯，全辦公室只有我一個人未婚，如果我不幫她，就沒人能幫她了。

「就在我猶豫不決時，同事們起鬨說：『妳就跟她調班啦！反正妳還沒結婚，幫她個忙啦！』雖然很不願意，但大家都這麼說，萬一我拒絕，大家會不會認為我很不願意幫助別人？我的人緣會不會從此變差？將來我需要幫忙時，大家會不會不理我？最後我只好勉為其難地同意調班。

「但跟她調班之後，我心裡又很不是滋味。想到除夕夜大家都可以在家圍爐，只有我要守著辦公室，心情就很差。我每天都在想要不要把班調回來，但如果調回來，同事會不會認為我出爾反爾，是個反覆無常的人？」

因為不敢拒絕他人，這位朋友答應了同事的調班，成了人際關係中的「好人」，卻從此陷入了「受害者意識」。

如果你也曾像她這樣，因為不敢拒絕別人，導致自己陷入「受害者意識」，那麼以後別人提出你不願接受的要求時，你千萬別勉強答應，這樣才能成為有原則的人，別人也會知道你的界線何在。

或許你認為配合對方，可以讓關係更和諧，但其實只要你萌生「受害者意識」，就會不由自主地防衛對方，你們的距離就會愈來愈遙遠。因此，若是他人的要求讓你有「受害者」的感覺，請你覺知內在的「受害者意識」，並予以適度的拒絕。

20 你常在他人的話中感到「受害」嗎？

你有沒有發現，有時只是聽到別人說了某句話，「受害者」的感覺就油然而生？

比如以下問題可能會讓人感覺不舒服：

1. 你有沒有男朋友（女朋友）？
2. 你是不是因為眼光太高，才找不到對象？
3. 你現在從事什麼工作？
4. 你現在一個月薪水多少？
5. 你今年年終獎金領多少？
6. 你目前有理財規劃嗎？現在存了多少錢？

7. 你準備什麼時候買房子？
8. 你什麼時候要結婚？
9. 你什麼時候要生小孩？
10. 你這麼優秀，應該可以再生第二個小孩吧？
11. 女孩比較貼心，你只生一個男孩，要不要再生一個女孩？
12. 男孩才能繼承香火，你只生一個女孩，要不要再生一個男孩？
13. 妳先生是從事什麼行業的？
14. 你的小孩功課如何？他考上哪一間大學（高中）？
15. 你最近看起來比較胖。
16. 你最近看起來比較老。

這些話語既非負面詞語，也非正面詞語，只是人們閒聊時常用的話語。然而說者無心，聽者有意，當話語觸發內在的「受害者意識」時，就可能讓人感覺有所惡意。

就像大人跟小孩聊天時，常會順口問：「小朋友，你學校成績如何？」如果小孩成績優秀，可能會驕傲地回答自己功課名列前茅，但若小孩成績不符合自己或大人的理想，可能會認為大人的話有批評、指責或諷刺的意味。

上述問題涉及了個人隱私，大可含糊敷衍、不做回答或一笑置之，只是很多人在聽到時，會有股沒來由的憤怒、焦慮或自我否定。

比如有人被問到「你現在一個月薪水多少」時，若自認薪水不符合自己或對方期待時，就可能有被嫌棄、鄙夷或指責的感覺，也就是「受害者」的感覺。

當你心生「受害者意識」的同時，可能還會產生「加害者」的衝動，會想怒斥對方「干你什麼事」、「管好你自己就好」、「你自己薪水又有多高」，只是為了避免衝突，這些話不見得會說出口。

如果你聽到這些問話，有不舒服的感覺，也就是萌生了「受害者意識」，你可以因時因地做出適當的回應，但不論怎麼回應，都請你觀照內在的「受害者意識」，經由觀照，你的「受害者意識」會漸漸消融，下次再聽到類似的問話，就不會輕易被吹皺一池春水了。

21「受害者意識」就這麼蹦出來了？

跟別人交談，可能會產生「受害者意識」。但沒跟任何人說話，單是聽他人的對話，也可能萌生「受害者」的感覺。

秀惠的兒子今年高二，成績很差，名次都是全班倒數，每天回家幾乎都在玩電腦，秀惠好說歹說，兒子就是不讀書。她很擔心兒子功課這麼差，將來怎麼辦？

某日秀惠跟朋友聚會，朋友E君提起自家兒子今年考上台大醫學系，她笑說：「其實要栽培小孩考上好大學並不困難，像我就是從小孩幼稚園開始，就每天陪著他讀書。我相信只要父母用心陪伴，孩子的功課就會在一定水平之上，因為父母的陪伴就是最好的鼓勵。」

Ｆ君則說：「我兒子今年考上清大電機系。你們可能以為我是虎媽，成天逼兒子讀書，兒子才會考上好學校。但其實我才不在乎孩子的成績，我常跟我兒子說，讀書不重要，玩才是最重要的，不要每天死讀書，要懂得休息，假日最好放下書本，跟朋友一起出去玩。但不論我怎麼說，他就是想讀書。我最擔心的是，他都不太會玩，將來讀書讀壞了身體，那就糟了。」

聽到朋友說的話，秀惠心裡很不是滋味。她們並不知道秀惠的兒子功課很差，所以不可能用自家小孩的傑出，來譏諷她家小孩，但她們的話就是讓秀惠覺得被刺傷。她自認很用心栽培孩子，下班後都會陪在孩子身邊，但她兒子就是不願意讀書，她也無可奈何。或許跟她們比起來，她是很差勁的媽媽吧？

秀惠說：「她們的話不僅讓我很落寞，也讓我對兒子的未來更焦慮。我想我以後會盡量少參加朋友的聚會，以免再讓自己受傷。」

秀惠在聽一群朋友說話時，萌生了「受害者意識」，導致心情焦慮與低落，即使朋友們並未針對她，她還是受傷了。

某日，冠宇在公司開會時，老闆大大表揚了跟他同辦公室的一位同事，說他工作很努力，完成了一件棘手的案子，還頒了一張獎狀給他。

同事上台領獎時，老闆繼續誇獎他，說他工作很認真。會議室響起了如雷的掌聲，幾個活潑的男同事還集體歡呼。然而大家愈開心，冠宇就愈覺得不是滋味：「我工作也很認真，完成的案子也很多，老闆為什麼不表揚我？」

老闆頒獎給同事，雖未傷害冠宇，但冠宇卻在看著同事領獎時，產生了「受害者意識」。

當一個人的「受害者情結」熾盛時，有時只要聽到別人說的某些話，就可能受傷了。這樣的人甚至連家人朋友讚美某個女明星漂亮，或某個成功人士表現亮眼，都會沒來由地受傷，因為他覺得別人被讚美，就等於自己被否定。

如果你也有這種「受害者意識」，請你進行自我觀照。經由觀照內心的「受害者意識」，「受害者情結」才會消融，你才不會一再因別人的話而受傷。

22 我上次感冒也沒請假啊！

有時看到別人做出自己想做又不敢做的事，也會生出「受害者意識」。

朋友G君說：「我同事真的很誇張，明知公司最近很忙，今天早上竟然打電話來請假，說她得了重感冒，咳嗽咳個不停。

「感冒有什麼大不了的嗎？得個感冒就請假，那乾脆不要上班好了。我上次感冒比她還嚴重，除了咳嗽，鼻水也止不住，我也很想請假啊！但後來我還是去上班了。我感冒比她嚴重都沒請假了，她怎麼好意思請假？」

我問她：「既然妳也想請假，為什麼不請？」

她說：「唉！你不了解我們老闆，如果跟他說感冒想請假，他臉一定很臭，還可能酸我說，要是每個同事都像我這樣，感冒就請假，那公司還怎麼營運？而且我擔心萬一我請假，老闆記在心裡，明年打我考績乙等，那我不是很衰嗎？所以就算感冒，我也會撐著去上班，不敢請假。」

G君感冒時，想請假又不敢請，所以看到同事因感冒請假，內心很不是滋味，這就是「受害者」的感覺。

朋友H君很討厭那種嗲聲嗲氣的女生，最近他們公司來了一個年輕女同事，H君不屑道：「她平常跟女同事說話還好，但只要跟男同事說話，尤其是比較帥的男同事，就馬上變成娃娃音，聽起來真的很肉麻！」

前幾天女同事的電腦壞掉，她馬上發嗲，跟一位男同事說：「人家電腦壞掉，業務都不能辦了，你可以幫人家修一下電腦嗎？」H君聽得雞皮疙瘩掉滿地，但那個男同事聽她這麼一說，卻立刻放下手邊的工作幫她修電腦。

H君說：「我們一群女同事也希望自己業務或電腦有狀況時，男同事可以幫忙，但我們是有教養的好女人，才不會像她那樣，動不動就向男同事撒嬌，請男同事幫忙，哼！」

H君渴望男同事幫忙，卻又恥於開口，看到女同事嗲聲嗲氣地拜託男同事，就輕而易舉地得到了幫忙，讓她內心很不平衡，這就是「受害者意識」。萌生「受害者意識」後，她開始覺得那位女同事很討厭，因而常批評那位女同事。

我還聽朋友I君說過：「你知道那個×××嗎？她竟然一年出國玩兩次，我看她應該都把積蓄花光了吧？

「我也想出國玩，但我才不會像她那樣，想玩就去玩，我懂得克制自己的欲望。我知道她薪水大約多少，像她這樣常常出去玩，鐵定是個『月光族』，薪水花得一毛都不剩。

「玩當然很快樂啊！但年輕時不知道要節儉，多存點錢，將來老了一定會晚景淒涼。所以我即使再怎麼想去玩，還是會選擇把錢存下來。」

I君想出國旅遊，卻壓抑自己的欲望，看到別人隨興出國旅行時，心裡很不是滋味，因而萌生了「受害者意識」，故而批評對方。

一個人若有這樣的「受害者意識」，就必須覺知自己的想法，方能消融「受害者意識」，才不會看到別人的言行，就內心波濤洶湧，翻騰不已。

23 你為什麼不對我笑？

有些人不只會因別人的言行而心生「受害者意識」，還可能因別人的表情而受傷。

比如曾有患者對我說：「王醫師，我覺得你們醫院的護理師對病人的態度很不好。」

我問他：「怎麼說？」

他說：「剛剛那個幫我打點滴的護理師都沒有笑容。」

我睜大眼睛，用不可思議的眼神看著他。

他接著說：「真的啊！病人來醫院都是因為身體不適，身心都很苦。如果護理人員沒有笑容，會讓病人覺得好像是自己在製造護理人員的麻煩，所以護理師在幫病人打點滴時，就應該笑咪咪的，讓病人安心開心，病才能好得快。像剛剛那個護理師就沒有笑容，所以我才說她態度很差。」

我問他：「請問那位護理師有對你擺臭臉嗎？」

他說：「是沒有啦！可是她沒有笑容，就讓我不太舒服。」

這位患者竟然因為護理師沒對他笑，就感覺受傷，也就是萌生了「受害者意識」，可見有人會被別人的表情所傷。

朋友J君曾說：「我覺得台鐵××站的某個售票小姐很不友善。」問他為什麼，他說有一次他去火車站買票，拿了張大鈔給售票小姐，當時他把手放在櫃台前，等著售票小姐把車票、零錢交給他：「結果她居然沒把錢放到我手上，而是放在盤子裡，再把盤子遞出來給我。」

她的動作讓J君很不舒服：「我明明把手放在櫃台前面，她又不是沒看到，為什麼不直接把錢放我手上？是嫌我手髒嗎？她該不會以為我是等她把錢放我手上時，趁機吃她豆腐吧？拜託！我有那麼下流嗎？」

J君說得忿忿不平，殊不知將錢放在盤子裡遞出來，是現代許多收銀員的一致做法，他卻因此而受傷，也就是萌生了「受害者意識」。

有個媽媽看到孩子滑手機，對孩子說：「你可以放下手機，讀一下書嗎？」聽到媽媽的話，孩子照樣滑著手機，沒有回媽媽話，只斜眼看了媽媽一眼，又馬上盯回手機螢幕。

看到孩子的眼神，媽媽怒氣上沖，罵孩子：「我在跟你說話，你那是什麼態度，完全不回我話，還用斜眼瞄我！」

可見這位媽媽是被孩子的眼神傷害了。

對於一個容易受傷的人來說，別人甚至不用開口說一句話，只要一個表情、一個動作，他就受傷了。

你也會因別人的表情或態度而受傷嗎？如果是，就請你覺知你的「受害者意識」，並消融內在的「受害者情結」，才不會因他人的一舉一動而受傷。

24 不好意思，讓你成了「受害者」

有一天，我要前往外地演講，出發前遇到一位朋友。他問我要去哪裡，我說要到某個城市進行一場心靈講座。

想不到他聽完後，竟然酸溜溜地說：「心靈講座？不就是那種談人生大道理的講座嗎？人生大道理我也很會講啊！為什麼不找我講，要找你講？」

我完全沒預料到，只是說我要去演講，就撩出了他的「受害者意識」，我一時之間無言以對，只能微笑點頭。

他接著又說：「好吧！既然沒人認識真正的大師，那我就把我知道的告訴你，讓你在演講時告訴聽眾。你要說做人要孝敬父母，友愛兄弟，尤其要讓大家明白，不論你找到怎樣的伴侶，父母都是最重要的。

「還有，你要是有良心的話，講完後記得告訴聽眾，這些道理都是我教你的。」

他一邊說，我一邊點頭稱是，他繼續說：「世人真的不知道誰是真正的寶，要演講應該找我去講，怎麼會找你？」

我一看時間，該去搭車了，連忙跟他揮手道別。臨去前，我看了他一眼，心想「受害者情結」還真是無處不在。

某日，朋友跟一個親戚去參加一場婚禮，那位親戚剛離婚。當時新郎新娘站在舞台上，主持人祝福新人百年好合、早生貴子。新郎新娘當眾親吻，然後將香檳酒倒入香檳塔，賓客席中響起了如雷的掌聲與歡呼聲。

此時朋友的親戚竟然說：「哎！這一切都是假的啦！三年前我跟我前夫結婚時，也是這麼歡樂，我也以為找到了終生的伴侶，誰知道結婚不到兩年他就外遇，然後就離婚了。所以他們也別高興得太早，誰知道他們的婚姻能撐幾年？」

我想這對新人大概始料未及，在他們慶祝自己找到人生的伴侶時，竟然刺傷了宴席中的一顆玻璃心。

六十多歲的美玉覺得朋友很愛炫耀她的孫子，每次朋友聚會都會拿出手機，要大家看她孫子唱唱跳跳的影片。看影片時，還會不斷問大家：「我孫子很可愛吧？他才三歲耶，就這麼會表演！」看她那麼熱情，美玉也只能附和說：「對啊！真的是超級可愛，將來一定是大明星。」

但美玉在看朋友孫子的影片時，心裡一直在想：「我兒子結婚八年了，都沒生個一男半女。看別人疼孫子疼得那麼快樂，真是愈想心愈酸。」

如果你也曾經只是看著別人的言行或表現，而萌生「受害者意識」，那請你覺知「受害者」的感覺，你的「受害者情結」就會隨著覺知而漸漸消融，內心也會逐漸平靜下來。

25 他為什麼「已讀不回」？

女孩在一次聚會中認識了男孩，一個禮拜後，女孩傳了一則LINE給男孩：「今天忙不忙？」傳完之後，女孩每隔五分鐘就看一次手機，但訊息始終顯示「未讀」。

女孩心中開始猜疑：會不會因為訊息是我傳的，所以他故意不讀，只要不讀，就理所當然不必回。等了三個多小時，訊息終於顯示「已讀」，女孩的心雀躍了一下，但雖然如此，男孩卻無任何回音。

女孩內心又開始糾結：「他不想回我訊息，是覺得我配不上他，不想跟我交往？還是他在忙，覺得我的訊息很煩？還是他認為只要『已讀不回』，我就沒理由再傳給他，我們之間就沒有下一步了？」

男孩一刻不回訊息，女孩的心就一刻糾結不已，女孩想像著男孩各種拒絕自己的情境，也就是說，女孩落入了「受害者意識」，並因此而痛苦。

人們會萌生「受害者意識」，往往不是因為外境發生了什麼事，而是自己對發生之事有了負面的解讀與延伸想像，「受害者意識」才會產生。

我想起從前帶課時，常會給學員我的電子信箱地址，請他們有問題就寫信提問。但我並不是每天都有空回信，有幾次回信比較慢，就有學員告訴我：「老師，寄信給你之後，我一直忐忑不安，怕你不回我信。在老師還沒回我信的那兩天，我一直在想，是不是我信中的用詞不當，惹得老師生氣，不想回信給我了。」「老師，我以為我問的問題太沒水準，所以你不想理我了。」「老師，我還以為我人微言輕，你不會回信給我。」

有些學員若沒收到回信，內心就會開始負面的揣想，也就是萌生了「受害者意識」。

曾有學員從遠地來上我的課，我體諒他舟車勞頓，對他說：「這裡實在離你太遠，下次別再這樣長途奔波了。」

想不到學員聽完後，竟問我：「老師，您說『這裡實在離你太遠』，真正的意思是不是『你的資質實在太差了』？老師放心，我會努力學習的。」

聞言我只想說：「這位同學，我沒有言外之意、弦外之音，更沒有暗諷你的意思，你千萬別以想像力揣測我的意思，讓自己成為『受害者』啊！」

人的想像力有時會讓自己陷入「受害者意識」，比如打電話給家人朋友，若對方沒接電話，有人的反應是「他『沒』接我電話」，有人的反應則是「他『不』接我電話」。「沒」跟「不」只是一字之差，但若揣想對方「『不』接我電話」，接著可能就會想：「他為什麼不接電話？該不會是看到我的來電，就故意不接吧？」然後開始浮想聯翩，內心也跟著煩悶或憤怒。

像這種「受害者意識」都是想像力創造出來的，若想除去想像力創造的「受害者意識」，唯有保持覺知，才能明白「受害者意識」皆起於自己的想像，這麼一來，「受害者意識」就能漸漸消融了。

26 你不用幫我慶生

陷入「受害者意識」會讓人不舒服，所以很多人都不想當「受害者」，也有人不想當「加害者」，也就是「壞人」，卻又因此覺得自己是「受害者」。

朋友L君是一家公司的老闆，公司只有五個員工，他一直把員工生日記在手機中。每個員工生日當天，他都會買蛋糕幫他慶生。

兩個月前，有個員工在生日前一天私下跟他說：「我從小就沒有慶生的習慣，您就不用費神買蛋糕幫我慶生了。」L君心想既然她說不要慶生，那就如她所願好了。於是到了她生日那天，L君就只在LINE群組傳一張貼圖，祝她生日快樂。

上個月又有另一個員工生日，L君買了蛋糕幫他慶生。結果當天晚上有位員工跟他說，上次沒慶生的那位同事私下提到，她是體諒老闆為了大家生日，每次都得特地撥出時間選蛋糕、訂蛋糕、買蛋糕，才請老闆別為她慶生，沒想到她設身處地為老闆著想，老闆就真的沒幫她慶生了，今天她看到老闆幫同事慶生，感覺有點吃味。

最後這位員工提醒L君，以後不論同事自己說要不要慶生，都要幫他慶生，以免沒被慶生的同事心生不平。

L君大呼無奈：「做人好難呀！我明明照她說的話做，卻違背了她真正的心願，真讓人不知如何是好。」

這位員工不想麻煩老闆，也就是不想當「加害者」，讓老闆費心，於是說她不想慶生，但老闆真的沒為她慶生，她又覺得不是滋味，於是成了「受害者」。想來她若是表明不想慶生，老闆仍堅持幫她慶生，那她就「面子」和「裡子」具足了，但她的心口不一讓與她相處的人無所適從。

有人說情侶之間徵詢對方意見時，最讓人不知如何是好的回答，就是「隨便啊」、「都可以」。

比如一對情侶要出門用餐，男孩問女孩：「妳想吃什麼？」女孩說：「看你啊！我都可以！我很好養的。」於是男孩帶女孩到一家咖哩餐館。

上桌後，男孩問女孩：「妳要點什麼？」女孩拿著菜單、臭著一張臉：「在一起這麼久，你不知道我不愛吃咖哩嗎？我就知道，你根本不愛我。」女孩不希望自己看似強勢地掌控一切，故而將決定權交給男孩，但男孩的決定又不符合她的心意，她因此成了「受害者」。

有些人在別人詢問自己意見時，會回答「隨便啊」、「都可以」，意思彷彿是：「我並不強勢，不會強迫你照著我的想法來做」、「我非常隨和，也很好相處，凡事以你的意見為意見。」

這種人看似隨和，實則是「軟的強勢」，他將決定權交給對方，是期待對方能猜到自己的心思，說出自己真正的願望，希望自己既能讓人感覺「隨和」，又能事事「如意」。

但對方若無法揣摩他的心思，做出符合他期待的決定，他就會落入「受害者意識」，還可能指責對方「你不愛我」、「你不懂我」，你說做人是不是很難？是不是要好好學習，才不會把自己累死？

27 心靈老師的「受害者情結」

有些心靈團體的學員認為長年沐浴在心靈智慧中的心靈老師，應該都是無入而不自得、全然喜悅自在的人。但我以「資深心靈老師」授課十多年的經驗來看，心靈老師不見得都是如此，其中有人也有「受害者情結」。只不過懂得自我成長的老師，知道怎麼面對及消融「受害者情結」，不會一直被「受害者意識」困擾，更不會去攻擊他眼中的「加害者」。

不論是哪種老師，只要站上講台，都可能遇到聽眾各式各樣的狀況，比如聽眾滑手機、打瞌睡、吃東西、竊竊私語、中途離席，甚至有人手機忽然響起，便自顧自地大聲回起電話。這些狀況都可能讓老師感覺「你不尊重我」，也就是萌生了「受害者意識」。

當聽眾的言行影響了上課品質，理應做出適當的處置，但心靈老師跟其他專業老師不同，比起糾正聽眾不當行為，心靈老師更需覺知自己的「受害者意識」。

看到聽眾打瞌睡或吃東西，老師或許還能同理對方可能累了或肚子餓，但聽眾滑手機、中途離席，且不告而別，老師可能會想：「是不是我講得不夠好、不夠精采？」「是我說的內容聽眾無法接受嗎？」「該不會是聽眾看我好欺負吧？如果是大牌老師講課，他們敢滑手機？敢不把手機改成飛航模式？敢讓手機在課程中響起？敢中途離席？」這些都是「受害者情結」衍生而出的念頭。

面對干擾其他聽眾的言行，老師必須出言制止，但老師有沒有「受害者意識」，處理事情的品質就大不相同了。沒有「受害者意識」的老師會心平氣和地勸導聽眾，有「受害者意識」的老師在制止聽眾時，可能會語帶怒氣或酸言酸語。

心靈老師若發現自己在授課過程中起了「受害者意識」，隨即觀照並接納，就能隨著不斷授課而日益消融「受害者情結」。沒有「受害者情結」的老師，不會認為自己被欺負，課程穩定性高，課程中散發出來的能量也更喜樂祥和。

有些話也會撩撥心靈老師的「受害者意識」，比如：「老師，某某老師的實力似乎沒你好，但聽說他的學員人數比你多（或收費比你高）。」這種話可能讓心靈老師產生「比較心」，萌生「受害者意識」。若心靈老師未及時觀照並消融「受害者意識」，可能會因此忿忿不平。

《西遊記》中說，唐三藏的前世是佛陀的二弟子金蟬子，佛陀說法時，金蟬子打瞌睡，惹得佛陀大怒，認為他藐視師尊、蔑視佛法，於是將他貶到人間修行，金蟬子因此轉世成唐三藏。

唐三藏的轉生故事當然是杜撰的，但這個故事卻是所有心靈老師的借鏡。當心靈老師被聽眾激怒，內心湧起「受害者意識」時，若不想像《西遊記》的佛陀對聽眾大發雷霆，就必須學習自我觀照，以消融「受害者意識」。

28 寫下你的「受害者日記」

每個人多多少少都會有「受害者意識」，若對「受害者意識」習而不察，不只難以將之消融，還會不斷滋生。長年累月積累的「受害者意識」會對人的能量、情緒與身體造成影響。

那麼，要如何消融「受害者意識」呢？方法無他，就是覺知「受害者意識」，並接納「受害者意識」。只要保持覺知，「受害者意識」一定會漸漸淡化，並逐日消融。

一個人若經常萌生「受害者意識」，必是因為他性格中有「受害者情結」。若想改變「受害者情結」，唯有從生活中覺察「受害者意識」。只要能將「受害者意識」一點一滴消融，「受害者情結」就會淡化，長此以往，人格必將轉變，也就是從容易焦慮、擔憂、恐懼及掌控欲強烈的負面人格，變成喜樂、自在、陽光的正面人格。

那麼，「受害者意識」要怎麼覺察呢？就是在「受害者意識」萌生時，對自己說：「我現在正處在『受害者意識』中，我接納這樣的自己。」覺知念頭後，只需接納念頭，而不必剷除念頭。

因為念頭很難輕易剷除，若硬要剷除念頭，只會讓自己焦慮，還可能自責：「我為什麼會這樣想？」或：「我不可以這樣想。」這麼一來，便又陷入被念頭所害的「受害者意識」了。

如果你不知道自己何時心生「受害者意識」，不妨藉由負面情緒來覺知念頭。當你內心湧起負面情緒時，會感覺不舒服，此時你通常會生出負面念頭，這些負面念頭幾乎都是「受害者意識」，以及從「受害者意識」衍生出來的相關念頭，比如「加害者」的想法，或「想要逃避」的想法。

如果你想覺察得更踏實，建議你寫「覺察日記」，也就是「受害者日記」。請準備一本記事本，當你心生「受害者意識」時，就拿出記事本，將「受害者」

的想法與感覺寫下來。若你無法隨想隨記，也可以在晚上回想一整天讓你萌生「受害者意識」的事件，並將它們記錄下來。

經由不斷地覺察與記錄，你會發現「受害者日記」中的「受害者意識」愈來愈少。如果你能持之以恆，養成覺察與記錄的習慣，你的「受害者情結」一定會逐漸消融，你也將因此解脫，變得自在。

舉個例子，假設有一天，妳在教孩子功課時，怎麼教孩子都不懂，妳因此大聲斥責孩子，結果妳先生當著孩子的面對妳說：「孩子教不會，好好講就好，發那麼大脾氣做什麼？」惹得妳勃然大怒。

此時妳可能會有滿心的「受害者意識」，那妳就可以在「受害者日記」中寫下：今天教小寶功課時，教得很火大，大聲罵小寶，此時老公竟在一旁說：「孩子教不會，好好講就好，發那麼大脾氣做什麼？」聽得我一肚子火，也落入了「受害者意識」。因為自覺是「受害者」，我還想：「你行？那你來教啊！」又想：「跟這種不懂得體諒老婆的男人在一起有什麼意思，還不如離婚算了！」

這就是「受害者日記」，只要你願意覺察並記下「受害者意識」，你的「受害者意識」一定會逐日減少，你就不會再輕易動怒、焦慮或受傷了。

29 看看你的「受害者日記」

如果你已經開始寫「受害者日記」，那你可以在入睡前，看看自己一整天的「受害者日記」，內容可能是這樣的——

早上六點四十分：已經第三次叫小寶起床了，都已經念小六了，怎麼還那麼愛賴床？每次叫他，他就只會敷衍我：「好啦！起床了！」當我是人形鬧鐘嗎？我發現我正處在「受害者意識」中。

早上七點半：準備出門時，忽然下起了大雨。每次都是上班時才下雨，害我還得穿雨衣騎車。我發現我正處在「受害者意識」中。

早上九點半：老闆一上班就擺一張臭臉，看到他那張臉，我就神經緊繃。一天到晚叫我們要對客戶和顏悅色，那他自己對員工和顏悅色了嗎？我看他自己就是最壞的示範。我發現我正處在「受害者意識」中。

早上十一點：工作好累，肩膀好痠。如果老公可以多賺一點錢，我就不用做這麼累的工作了，也可以跟某同學一樣，在家當家庭主婦。我發現我正處在「受害者意識」中。

下午兩點：又接到詐騙電話。真不知道政府在幹嘛，詐騙集團橫行這麼多年，也沒個對策可以掃蕩，難怪人家說台灣是詐騙王國。我發現我正處在「受害者意識」中。

下午四點：上廁所回來，走到辦公室門口，聽到同事趁我不在說我八卦。有人說小寶常常感冒，我很煩惱，有人說看我那麼兇，小朋友壓力一定很大，難怪常生病。我裝作沒聽到地打開門，大家馬上閉嘴，低頭辦公。這些愛講別人八卦的同事真討厭。我發現我正處在「受害者意識」中。

下午六點十分：下班後好想趕快回家休息，但台灣的紅綠燈真的很多，回家一路上都在停紅燈，真煩。我發現我正處在「受害者意識」中。

下午六點三十分：削了下班路上買的、老闆保證甜的芒果，結果芒果裡居然有蟲。老闆是看我好欺負嗎？拿這種有蟲的芒果誆我，明天再被我遇到，一定要臭罵他一頓。我發現我正處在「受害者意識」中。

晚上七點：婆婆打電話來，問這禮拜天要不要帶小寶回鄉下？婆婆這麼問不就是要我們回去嗎？假惺惺地問要不要，我們能說不要嗎？一想到回到婆家，整天都要伺候公婆，心情就很沉重，真的很想叫老公自己帶小寶回去。我發現我正處在「受害者意識」中。

晚上八點：看到小寶的成績真的很無言，國小成績就這麼差，將來怎麼辦？每個月繳一大筆補習費，不知道補習班老師都在教什麼？別讓我哪天抓狂起來，真的打電話去補習班罵人。我發現我正處在「受害者意識」中。

晚上十點：叫小寶睡覺，他還一直玩手機。老公像個沒事人一樣，也不幫忙催小寶睡覺，難道小寶是我一個人的嗎？老公錢賺得比我多，但錢賺得多，在家就可以耍大牌嗎？我發現我正處在「受害者意識」中。

就像這樣，經由寫「受害者日記」，你會愈來愈覺知自己的「受害者意識」、愈來愈認識自己，「受害者情結」也會消融得愈來愈多。

30 不斷折磨你的「過去」

開始寫「受害者日記」的人，會發現許多人與事都可能讓人產生「受害者意識」，即使生活中一事也無，腦中仍會不由自主地萌生「受害者意識」，還可能反覆浮現，如同 replay 影片一樣，讓人繞在同一事件中，反覆地怨對方、氣對方，甚至出現惡整、報復、加害對方的念頭，內心因而波濤洶湧，久久不能平復。

如果你正忙於某事，或正在思考某事，「受害者意識」反覆出現的情況就比較少，一旦腦袋空閒下來，比如散步、逛街、開車、騎車、獨處、做菜、拖地或靜坐時，你既未與人說話，也沒特別思考什麼事，「受害者情結」就可能引導你想起「過去」受委屈或被害之事，或你自認「受害」且尚未釋懷的事件，讓你再次陷入「受害者意識」中，變得焦慮、擔憂、痛苦或憤怒。

十多年前，小珍的先生志明曾跟某個女同事傳過緋聞。當時志明的某個同事私下告訴小珍：「大家都在傳妳老公跟一個女同事很像情侶，兩人在公司的舉止很曖昧。」小珍也發現志明下班後，常跟那位女同事通電話或傳簡訊。

小珍非常生氣，跟志明三天兩頭就吵架。雖然志明說：「我跟她只是比較麻吉而已，沒有怎樣好嗎？」兩人沒有發生性關係，或有其他身體親密接觸，但小珍依然覺得委屈與憤怒。

志明還問小珍：「難道一個人結婚之後，就不能再有要好的異性朋友嗎？」小珍氣憤道：「你跟她就是精神外遇，精神外遇就是肉體外遇的前奏！」而且比起肉體外遇，她更難忍受精神外遇，丈夫的心如果不在了，那這段婚姻還有什麼意義？

志明覺得小珍不可理喻，但為了避免爭吵，他向小珍道歉，行為也開始收斂，下班後不再傳簡訊、打電話給女同事。半年後，女同事調職到外地，志明跟她的關係也就落幕了，小珍終於鬆了一口氣。

雖然事件結束，但小珍內心的「受害者意識」卻無法結束。十多年來，每當小珍沒事或獨處時，腦中就會浮現丈夫跟女同事搞曖昧的畫面，也因此一再感到委屈憤怒。在女同事剛調走那一年，小珍還會跟志明反覆提起，他與女同事的曖昧關係讓她很痛苦，也很生氣，志明常不耐煩地說：「事情都已經結束了，我也跟妳道歉了，妳到底要鬧到什麼時候啊？」

可小珍就控制不住自己的腦袋，但她明白若再提此事，志明一定會說她「愛翻舊帳」、「無理取鬧」，於是不再提起。但不說不等於她忘了此事，她依然會被「受害者意識」折磨，甚至心情較低落時，還會想：「當年為什麼不離婚？」

如果小珍想消除這種「受害者意識」，就必須學習覺知與靜心。經由覺知與靜心，就能消融她的「受害者意識」，折磨她的回憶也會消失，讓她不再受到干擾了。

31 你被你的身體「害」了嗎？

張媽媽看著兒子一家出國旅遊，也很想跟他們一起去。其實兒子邀了她好幾次，她也考慮了很久，最後還是拒絕了：「因為我不知道『他』什麼時候會出問題。上次我跟兒子一家去黃山，大家玩得正開心時，『他』忽然暈眩了起來，搞得全家人仰馬翻，打亂了行程，如果再來一次，豈不是很掃興？」

張媽媽口中讓她困擾的「他」，聽起來像是她先生，或某位隨行的朋友，但其實那個「他」是她的身體。

她無法預料身體什麼時候會作怪，只好盡量少出遠門，免得暈眩突然發作，耽誤了旅遊行程。張媽媽認為是身體拖累了她，害她無法隨心所欲地出門旅遊。

身體如同我們一生的伴侶，但有些人卻跟張媽媽一樣，認為自己被「身體伴侶」拖累、侷限、束縛、折磨，成了「受害者」，無法自在地做自己想做的事。

然而，他們真的是被「身體伴侶」所害嗎？

榮華的媽媽有一次參加親戚的聚餐，聽到榮華的三阿姨說：「我兒子媳婦平時都很忙，所以媳婦懷孕時，我就說孩子生下來後，我可以幫他們帶，兒子媳婦聽了都開心。現在孫子三歲多了，跟我感情非常好，我也幫兒子省了不少保母費。最近媳婦又懷了第二胎，我想我體力還可以，就跟兒子媳婦說：老二也讓我帶吧！」

媽媽回家後，對榮華說：「我看你三阿姨帶小孩帶得那麼開心，還可以幫兒子分擔經濟壓力，想到你兒子才兩歲，不如我也幫你們帶。但一想到我的膝蓋不行，稍微拿重一點的東西，或走遠一點就很吃力。小寶現在已經二十幾公斤了，我應該抱不了一個二十幾公斤的孩子，所以還是沒辦法幫你們帶小孩。」

媽媽這麼說，好像她很願意帶孫子似的，只是因為有膝蓋關節炎，才不得不放棄，但榮華記得老婆懷孕時，媽媽就已經說過：「別指望我幫你們帶小孩，我已經五十多歲了，不想每天追著孫子跑。當年帶你們就已經夠累了，我不想再重來一次。」

媽媽嘴上說想帶孫子，卻又說自己有病無法帶，彷彿是受身體所害，才無法做自己想做的事。然而從身心靈整體健康的觀點來看，也可能是因為很多事她不想做，於是創造出膝關節炎，就可以理直氣壯地拒絕不想做、又不好意思推掉的事。

可見「身體伴侶」不僅不是「加害者」，還可能順從人意創造疾病，讓人有理由拒絕不想做的事。但人若無法覺知「身體只是如實反應心靈」的話，就可能怪罪身體，那就很難從「改變心靈」進而「改變身體」了。

32 是誰害我生病的？

有些人認為自己會生病，必是被某個原因或某個人所害，致病的原因或人即是「加害者」，於是在醫療門診中，只要談起「為什麼會生病」，醫師跟病人往往開始扮演柯南，推敲誰是「加害者」。我在看門診時，也常聽到患者講述「害」他們生病的「加害者」，「加害者」可說是形形色色、五花八門。

有些人推敲得合情合理，比如我曾問過一位拉肚子的患者：「你是不是吃了什麼導致拉肚子的食物？」他說：「我昨天跟朋友去漁港吃海鮮，其中有條魚，我吃第一口就覺得不是很新鮮，結果今天就拉肚子了。」

所以「魚」是害他拉肚子的「加害者」，這個推敲頗為合理，不新鮮的魚肉入肚後，腸胃為了保護他加速蠕動，將不乾淨的魚排泄出來，使得他拉肚子。

有人則是在追索「加害者」的過程中火冒三丈，比如有位得了流感的患者說：「我一直在想我這麼健康，怎麼會得流感？一定是我同事小陳傳染給我的。昨天上班時，我就發現他鼻水流不停，八成是他得流感還來上班，真是愈想愈火大，得流感為什麼不請假？還要來公司散播病毒害人？」

如果這位患者明白身體想排除多餘的負面能量時，會創造出急性病，藉著咳嗽、流鼻水、發燒將負面能量排除出去，可能就不會那麼積極推敲「加害者」，對「加害者」如此憤怒。

人們揣想致病的「加害者」可不只食物、細菌與病毒，有位患者就說過：「糖尿病是一種家族遺傳疾病，我會得糖尿病就是遺傳自我媽。」他認為自己得糖尿病的「加害者」是他媽媽。

還有人說：「我爸會跌倒骨折，就是因為我們沒有按時回鄉下老家拜拜，祖先生氣了。」他認為父親跌倒骨折的「加害者」是祖先。

也有人說：「我媽會得巴金森氏症，就是因為對街鄰居蓋了新房子，我家大門口剛好對到新房子的『壁刀』，我家風水被他家的新房子破壞了，所以我媽才會生病。」他認為母親生病的「加害者」是對門鄰居的新房子，也就是風水。

另有患者說：「上個月被診斷出大腸癌後，我就找了通靈師父幫我看，他說癌症是『因果病』，因為我上輩子害了人，冤親債主不肯善罷干休，從前世跟著我到今生，還讓我得癌症，要我受苦。師父交代我，一定要多做功德，才能消除業障，治好癌症。」患者認為得癌症的「加害者」是前世造孽的自己或冤親債主。

將生病設想成是被基因、祖先、風水、業障或冤親債主所加害，並無益於病情改善，身體是心靈的一面鏡子，疾病是內在衝突在身體的顯現。所以生病時，與其費心推敲誰是害你生病的「加害者」，不如靜心覺知內在衝突，只要內在衝突消融，疾病也就不藥而癒了。

33 成為「受害者」，就可以「討愛」

某天晚上，李媽媽打電話給在外地工作的兒子：「我這兩天不知道是怎麼了，感覺腰好痛，走路都有點吃力。」兒子聽了關切地問：「妳有去看醫生嗎？」李媽媽說：「有啊！我去診所看過，還打了針，這兩天也有吃藥，但腰還是痛。」

接下來的一週，兒子每晚都會打電話給李媽媽：「媽，妳腰痛有沒有好一點？」李媽媽總是回：「是有好一點啦！但還是有點痛。」兒子於是說：「媽，我假日回去陪妳好了，如果真的痛得受不了，我再載妳去看醫生。」

兒子平時工作忙碌，不常打電話，也不常回家，但因李媽媽身體不舒服，兒子每晚都會來電關懷，假日也回家了。

李媽媽在腰痛時，覺得自己是疾病的「受害者」，卻也因此有理由向兒子抱怨，讓兒子明白媽媽也需要關心，兒子也才會貼心問候她。

可見「受害者」的感覺雖然讓人不舒服，卻也能令人藉此討愛或討拍。一個人若老是強調自己是「受害者」，並藉此獲得他人的關心、安慰、鼓勵或同仇敵愾，那他可能會一直沉溺在「受害者情結」中。或許他也不願當受害者，但他已習慣如此，很難從中跳脫，甚至根本沒意識到自己的問題。

劉媽媽有一個兒子兩個女兒，女兒都嫁出去了，兒子三年前結婚，婚後與劉媽媽同住，但劉媽媽一直看媳婦不順眼。

每到晚上大家回房休息後，劉媽媽就開始打電話跟兩個女兒發牢騷，怕被兒子媳婦聽到，總是摀著嘴、靠近電話筒說：「妳知道『她』有多惡劣嗎？明知我牙齒不太好，牛肉也不燉爛一點，也沒切成小片，擺明了就是不給我吃。今天吃晚餐時，她竟跟妳哥說：『吃快一點，晚一點我們去公園散散步！』我看她不是在催妳哥，而是嫌我吃太慢，耽誤她洗碗和休息的時間。」

此時女兒總會安慰媽媽：「媽，妳是全天下最好的媽媽跟婆婆，大家都知道妳最隨和、最好相處了。」劉媽媽則回說：「我也這麼覺得，還好她幸運，遇到我這個婆婆，如果換成別人，不大發雷霆才怪。」

每天聽劉媽媽抱怨，女兒以為媽媽苦不堪言，於是跟哥哥溝通，哥哥向太太善意轉述，太太因而做了某些改變。

一段時間後，女兒問媽媽最近跟嫂嫂的相處有沒有好一點，劉媽媽竟然說：「她最近是有對我比較好一點啦！但我每次想到她以前牛肉都故意不燉爛，還會催我吃快一點，我就愈想愈氣，怎麼有這麼惡劣的媳婦啊？」女兒們只好繼續安慰媽媽：「媽，妳是全世界最好的媽媽跟婆婆，最有包容力了……」

劉媽媽一再陷溺於「受害者情結」中，並藉此討愛。如果她一直沒覺知自己的「受害者情結」，就會繼續因「受害者意識」而痛苦，卻又緊抓著痛苦不放。

34 你有「受害者上癮症」嗎？

有人認為自己是「受害者」，會感到委屈、焦慮、緊張、憂鬱或憤怒，但也有人習慣將自己塑造成「受害者」，經常抱怨別人怎麼欺負他、糟蹋他、辜負他，他又是如何不念他人之惡，不與人計較，還對人誠懇付出。

有人可能會讚許他寬宏大量，是待人真誠的大好人，而同樣有「受害者意識」或有正義感的人，則可能為他忿忿不平、為他不值。一旦以「受害者」的角色得到存在感與價值感，就愈來愈習慣扮演「受害者」，這類人就是有「受害者上癮症」。

無論在伴侶關係、婚姻關係、親子關係、事業或人際關係中，他們一定會發現自己受害的一面，或刻意製造受害的感覺，並一再陳述自己受害的痛苦。

若請他改善受害的關係，他又會百般推拖：「問題出在別人身上」、「這都是我的命，我也無法改變」、「我不會計較那麼多」、「算了啦！以後再說吧」、「反正是我欠他的，我認了」、「牛牽到北京還是牛，我不相信他會改變」，一再抱怨被害，卻不願意改變自己。

因為只有扮演「受害者」的角色，他才能得到存在感與價值感，真要他放下或改變「受害者」的角色，他可能會無所適從，或找不到自己的定位，所以寧可緊緊抓住「受害者」不放。

個案麗雲說他們家都是她在撐的，老公賺的錢根本不夠家裡開銷。麗雲本來是家庭主婦，小孩上國小之後，決定出來就業當保險業務員。如今年薪百萬，比老公賺的多太多了。上次他們全家到日本玩，所有旅費都是她出的：「如果要靠我老公賺的錢出國旅遊，我看我們一家一輩子都離不開台灣了。」

麗雲雖然在外拚事業，但家事卻還是一手包。她說：「我老公像個大爺一樣，回家什麼都不做，所有家事都得靠我。我不管事情多忙，都會盡量在六點前回到家，幫全家煮一桌營養好吃的晚餐。我老公就只知道吃，吃完晚餐叫他幫忙洗碗，他就擺一張臭臉，最後還是要我來洗。

「我兒子雖然功課不好，但我覺得他資質很好，只能說台灣的教育死板板的，只求升學，不適合我兒子，他比較適合歐美的那一套，我兒子如果受歐美教育，一定會非常傑出。等我將來有錢了，一定送他到國外念書！

「每次假日回婆家，我婆婆就是要我幫忙下廚，都不會體諒我平時上班有多累。幫忙下廚也就算了，我作菜時，她還要在旁邊碎碎念，說最近菜價有多貴什麼的，還不就是暗示我們給的孝親費不夠多，她不知道我們開銷也很大嗎？」

麗雲就是有「受害者上癮症」而不自知，若她毫無覺知，就會繼續扮演「受害者」，在不斷抱怨中感到委屈、痛苦或憤怒，卻也因此得到存在感與價值感。

35 既然我被他害了，當然可以理直氣壯的害他

某家公司裡，職員小林正在責問職員小王：「你會不會太狠了？小江因為你，被副理叫到辦公室罵。」

小王不解：「我怎麼了？」

小林不滿道：「你昨天跟副理說，小江上班偷看網購直播，還說這不是第一次了，你常看到小江上班時在做私事。副理聽了很生氣，今天就把他叫進去罵了。」

小王一臉憤慨地說：「我狠？剛好而已吧？你知道小江多可惡嗎？副理來不到一個禮拜，他就跟副理說，我是跟前一個部門的主管鬧翻了，才調過來我們部門的，叫副理提防我，說我自以為是又脾氣暴躁，很會跟主管抬槓，才會跟前

主管鬧翻，小江就是故意要讓副理對我有壞印象。如果不是副理無意間說溜了嘴，我還不知道他這麼卑鄙陰險。

「是可忍，孰不可忍，我早就想找機會報復他了，剛好前兩天被我發現他上班偷看網購直播，我當然要跟副理報告，下次再讓我抓到他的小辮子，我照樣饒不了他，一定向副理報告。」

當一個人自覺是「受害者」後，就有可能起而報復，名正言順地成為「加害者」。而對方被報復後，又成了「受害者」，於是也有理由再成為「加害者」。可見人與人之間的衝突，不見得都是「加害者」與「受害者」的衝突，也可能是「受害者」與「受害者」間的互相攻擊。

這種例子比比皆是，例如有人在糕餅店前大聲咆哮：「你們也太惡劣了吧？昨天我才買了六盒鳳梨酥，都照原價買，今天你們就買二送一。你們的活動應該是早就知道的吧？為什麼昨天不告訴我？如果你們昨天跟我說，我一定今天才來買。要不是我今天剛好路過，看到店外大排長龍，還不知道你們這麼惡劣好嗎？」

這人不斷怒罵，久久不去，門市人員出來勸他：「先生，你在這裡大吼大叫，會影響我們做生意的。」

他聽了之後更生氣，又破口大罵：「影響你們做生意又怎樣？你以為你們是『受害者』嗎？搞清楚！我才是『受害者』。如果你們不照買二送一的價格退我錢，我以後絕不再跟你們買東西，還會叫朋友都不要來！」

這人認為自己是「受害者」，可以理直氣壯地跟店家咆哮、要求店家退錢，但他的咆哮又讓店家感覺自己是「受害者」，店家為了息事寧人，選擇退錢給他，但在相互傷害的關係裡，他跟店家顯然兩敗俱傷，都慪了一肚子氣。

各自感覺自己是「受害者」，並成為攻擊對方的「加害者」，會讓彼此井水不犯河水，但這種方式往往讓雙方餘怒難消，若想打破「受害者」與「加害者」的循環，唯有保持覺知。

一個人若能覺知自己陷入「受害者意識」，比較不會以「加害者」的思緒來處理問題，處事也會較為圓融。

36 如果是你，你受得了她嗎？

家暴男打了老婆，親朋好友都來勸他：「有事好好講，不要對老婆動拳頭。」「家暴是犯法的，如果再動粗，你老婆是可以申請保護令的。」

家暴男聞言火冒三丈：「她又找你們哭訴了是吧？每次都只會裝可憐，把自己塑造成受害者。要說受害者，我才是受害者，我才應該申請保護令！」

兩人爭執的原因是家暴男跟朋友喝酒，喝得有點醉，回來老婆碎唸了三天：「你這樣喝酒，將來要是得肝病，我絕不會照顧你！」「你那群朋友都是酒肉朋友，除了喝酒，還會做什麼？」「你把賺的錢都拿去抽菸喝酒，是打算家裡的開銷全讓我出嗎？」

家暴男吼道：「她也不想想，不喝酒交朋友，我會有客戶嗎？她一直碎碎唸，我實在受不了了，只好用拳頭叫她閉嘴。如果是你們，受得了這樣碎碎唸嗎？我生氣有錯嗎？」

親友勸家暴男不要當「加害者」，但家暴男卻認為自己才是真正的「受害者」，他是在「受害」之後忍無可忍，才會對老婆動粗。

還有人為了避免承擔責任，會把自己塑造成「受害者」。

個案淑芬的先生外遇，夫妻倆吵了好幾個月，淑芬堅持要離婚。

先生的兩個姊姊問先生為什麼要外遇，先生說：「我也不想外遇啊！可是妳們看看我老婆，每個月該給的家用我都給她了，剩下的錢她還要管我怎麼花，買個手機她嫌太貴，跟朋友唱歌她嫌浪費，反正在她看來，我花的錢都是不必要的開銷。而且她對我講話的態度、看我的眼神，都讓我覺得她把我當男傭。我今天會外遇，都是被她逼出來的！」

兩個姊姊聽完弟弟的話，也附和弟弟，私下跟淑芬說：「妳老公會外遇也不全是他一個人的錯，妳要負一半以上的責任，如果妳對妳老公好一點，他就不會外遇了。」

淑芬聽完怒火中燒：「好啊，既然你們都說是我不對，那我就壞到底。原本我還想成全他，但現在老娘鐵了心，絕不簽字離婚。你們讓我痛苦，我也不會讓你們好過，到時候法院見啦！」

家庭關係或人際關係的衝突，往往就像這樣的「受害者」與「加害者」循環。有人自認是「受害者」，故而轉成攻擊對方的「加害者」，與對方發生衝突。衝突之後，對方回擊，他又成了「受害者」，而後又伺機攻擊對方。或是把自己塑造成無辜的「受害者」，就可以把責任推給對方，或有充足的理由攻擊對方，使得雙方在「受害者」循環中傷痕累累。

若想跳出「受害者」的循環，就必須在萌生「受害者意識」時，覺知「受害者意識」，並安頓內心。覺知「受害者意識」不僅是對自己負責，還能讓人際關係更和諧。

第3章

親密關係與家庭關係中的受害者意識

37 你給我的，並不是我想要的

多數人認為家人或親密伴侶應該互相關懷、互相照顧，但最可能讓人受傷的關係，往往也是家庭關係或親密關係。從本文開始，要來談談家庭關係、親密關係中常見的「受害者意識」。

女孩對男孩說：「你是為我做了很多，但都不是我想要的。」

男孩嘆了口氣說：「原來那些都不是妳想要。可是妳今年生日我送妳項鍊，去年生日我送妳包包，妳都說妳很喜歡，而且妳也很開心、很感動啊。」

「是啊！你挑選禮物非常用心，我也很喜歡。但我只能說那不是我真正想要的。」女孩嘟著嘴說。

「那妳到底想要什麼？」男孩問。

「我要你陪在我身邊，陪我逛街、看電影，或者哪兒也不去，只是陪著我，聊天也好，不聊天也沒關係。」女孩說。

「公主病又犯了，欲求不滿，索求無度，有了這個還要那個，怎麼做她都不滿足。」男孩心裡嘀咕著，口氣開始不耐煩：「可是我真的很忙，上班有做不完的工作，不但常常加班，下班後要做簡報，還得讀書準備考證照，真的沒那麼多時間陪妳。何況我已經盡量滿足妳了，妳還想怎樣？」

「好啦！大忙人，你永遠在忙，你去忙你的好了！」女孩泛著淚說：「我會照顧好自己，你不用管我了！反正我真正想要的，你也給不起！」

女孩的委屈是她認為無法從男孩身上得到想要的，因此她是「受害者」，男孩的委屈是他認為自己付出很多，卻得不到對方的肯定，對方還期待他付出更多，甚至超出他的能力之外，因此他也是「受害者」。

人際關係中，尤其是伴侶關係、婚姻關係或親子關係，會產生衝突的原因之一就是：人對於愈親密的人，會愈希望對方給出自己想要的，如果無法得到滿足，就會萌生「受害者」的感覺，就可能轉而批評、指責或攻擊對方，期望對方滿足自己，這也就是心理學家蘇珊・福沃德（Susan Forward）說的「情緒勒索」（Emotional blackmai）。

但人想要的事物會變來變去，不見得始終如一，比如女孩在抱怨的當下，是因為孤單寂寞，最渴望的是男友的「陪伴」，但在生日那天，她最期待的是「驚喜禮物」，如果男友沒送禮物，或為她慶生，她可能又會生氣，認為男友沒有給出她想要的。而為了凸顯此刻最想要的是男友的「陪伴」，她又否認了曾經最想要禮物。

此時最想要的，不見得是彼時最想要的，若親密的人無法給出此時最想要的，有些人就會感覺自己「受害」，並抱怨對方，對方可能會覺得「我又不是你肚子裡的蛔蟲」，認為對方「無理取鬧」、「很難搞」、「公主病」，而感到委屈。

若要消融不滿足而產生的「受害者」感覺，就必須在「受害者意識」萌生時，覺知「受害者意識」，如此一來，就能安頓自己的心，也會感謝對方的付出。對方得到了肯定與讚美感到愉快，兩人的感情就會升溫，關係也就更親密了。

38 自己要來的，有什麼意思？

先生出差買了名店的蛋糕回家，喜孜孜地對太太說：「我特地買了妳最愛吃的蛋糕喔！快來吃吧！」

結果太太白了他一眼，冷冷地說：「你自己吃吧！我最近體重一直上升，已經減肥兩個月了，你不知道嗎？」

先生聽了很不爽：「上次去台北，是妳說這家的蛋糕好吃，我才想買回來讓妳開心一下，想不到出錢出力還要被妳潑冷水。」

太太立刻拉下臉來：「你這是在怪我囉？你要是真對我這麼好，為什麼一點都不關心我？我最近體重一直上升，心情很沮喪，蛋糕的熱量很高，我真的不想吃。」

親密關係有時就是這麼令人無所適從。先生本想討太太開心而買了蛋糕，沒想到太太正在減肥，聽到先生買蛋糕給她吃，感覺自己是「受害者」，因而拒絕了先生，太太的拒絕讓先生認為自己是「受害者」，兩人因此而起爭執。

先生對太太付出被辜負，認為太太很難搞、故意刁難自己，而太太認為先生不懂她、不夠體貼，兩人都成了關係中的「受害者」。

既然給予對方的，不見得是對方需要的，彼此還可能因此受傷，那麼雙方說清楚講明白，我要什麼，你就給什麼，難道就不會受傷了嗎？不一定。

美玲在生日之後，向朋友炫耀她的新手鍊，朋友問：「這是妳先生送的嗎？」美玲懶懶道：「對啊。」朋友們都很羨慕：「妳先生好浪漫喔！幫妳挑這麼新款的手鍊。」

美玲一臉鄙夷，冷笑道：「憑他？算了吧！他那顆腦袋，下班後就只會看影片，哪裡懂得女性飾品？還不是我自己要來的。」

話說美玲有回逛街時，看上了那條手鍊，後來跟先生說：「我生日快到了，你可以送我那家店的那條手鍊嗎？」可惜無論美玲怎麼描述，先生就是聽不懂，美玲只好帶先生到飾品店，指給他看。先生看了價格，遲疑道：「這個會不會太貴了？」但美玲強調她真的很喜歡，先生只好勉為其難地買下。

其實到了生日那天，先生把手錶送給美玲時，她已經沒什麼感覺了：「我覺得這是我自己要來的，沒什麼好高興的。如果我老公是浪漫的人，自己去挑禮物，再給我驚喜，那我一定很開心。不過，就他那個眼光，我還是自己去挑比較妥當，他選的八成很俗，我也不會喜歡。」

在親密關係裡，對方給的若不合自己的心意，固然會感覺「受害」，但主動向對方索討自己想要的，又認為對方就算給了，也是迫於自己的要求，而非出自真心，也會因此感覺「受害」的。

39 我最深愛的人，傷我卻是最深

「Rabbit Lin 是妳在臉書上的名字嗎？」男孩問初相識的女孩，女孩點點頭，說：「是啊！」

男孩的眼神在女孩胖胖的身上飄移，戲謔地笑了笑：「我覺得 Rabbit 不適合妳，改叫 Dinosaur Lin 或 Whale Lin，妳覺得怎麼樣？」

女孩一時沒反應過來，頓了幾秒，才發現男孩取笑她太胖，說她不像兔子，而是像恐龍或鯨魚，她內心霎時萌生「受害者意識」，面色鐵青地轉身離去。

看到女孩離去，男孩竟也心生「受害者意識」，嘀咕道：「開個小玩笑就生氣，也太沒幽默感了。」

像男孩這類「肉麻當有趣、白目當調皮、譏笑當幽默」的人，經常會有意無意地用言語傷人。

語言有時像把利刃，輕易就能撩起別人的「受害者意識」。而通常最知道用什麼言語傷害你的，往往是你身邊最親密的人，因為愈是親密的人，愈知道你的死穴在哪裡，一句話就能刺中你的要害。

小惠跟男友交往沒多久，就跟男友說她媽媽很會碎碎唸，她非常討厭媽媽這樣。舉凡她衣服沾到番茄醬、吃飯菜渣掉到地上等等，媽媽都會碎唸一大篇。若是老師在連絡簿上寫她字體不工整、上課不認真，那更是不得了，媽媽一定唸整晚。她曾跟男友說：「我媽的碎唸簡直是疲勞轟炸，我將來絕對不要像我媽那樣，有事沒事就碎碎唸。」

有一天，小惠到男友租屋處，一進門就看到他穿過的襪子亂丟，她只好撿起襪子，放到汙衣桶，一邊唸男友不衛生，襪子亂丟。說著說著，男友冷不防地來了句：「妳就跟妳媽一樣，很愛碎碎唸！」

那一瞬間小惠又氣又悔，氣的是男友明知她很討厭媽媽碎唸，卻故意說她跟她媽一樣，悔的是為何要告訴男友自己討厭媽媽碎唸，小惠傷心地說：「結果讓他知道我的死穴在哪，然後用我最在意的話來刺傷我。」

小珍是個小學老師，小學五年級的兒子功課很差，最近一次段考數學只有六十幾分。考完試後，小珍幫兒子訂正錯誤時，教得有點心煩，脾氣不自覺地暴躁起來，沒想到此時小珍的老公竟說：「妳連自己的小孩都教不好，真想不通妳平常是怎麼當老師、教別人家小孩的？」這句話完全戳中小珍的痛處，讓她又生氣又難過。

小雯在心靈團體學習多年，平常都會跟先生分享學習心得。某天因細故跟先生吵架，先生氣呼呼說：「妳不是有在上心靈課程嗎？為什麼修養還這麼差？」這句話彷彿打了小雯一巴掌，讓她又生氣又無奈。

被親人的話語所傷時，可以適度告訴對方，你不喜歡這樣的話語。除此之外，建議大家在內心受傷時，學習觀照「受害者意識」，才能使內心安定，不會輕易被親人言語所傷。

40 你的心累了嗎？

小菁結婚五年，婚前跟老公戀愛兩年，兩人在一起已經七年多。不知道為什麼，最近小菁看到老公都有股莫名的厭惡感。

比如老公跟她說：「妳今天穿的衣服很漂亮，什麼時候買的？我好像沒看過。」小菁就會不耐煩地想：「上個月買的啦，怎樣？嫌我很會花錢嗎？」若老公說：「妳今天穿的衣服好像跟鞋子不太搭。」小菁也會很火大，心想：「嫌什麼嫌？干你什麼事？」不管老公的話是正面還是負面的，就算他什麼話都沒說，單是看到他這個人，小菁就有股沒來由的排斥感。

有一天，老公下班後帶了一杯手搖飲料回家，小菁沒好氣地問他：「你只買你自己的嗎？」老公攤了攤手，無語嘆息。過了兩天，老公買了兩杯飲料回來，遞給她一杯：「無糖四季春，請妳喝。」小菁卻回他：「家裡的茶葉還有好幾罐，幹嘛買這種市售的手搖飲，又沒多好喝。」老公一臉無奈，也因此愈來愈少跟小菁講話。

每當LINE的通知響起，小菁都會習慣性地看一下，但最近聽到LINE的聲音，只要是老公傳的，她都有股莫名的厭煩，甚至有幾次才聽到LINE聲，馬上就想：「又來了，煩不煩啊？」結果一看不是老公傳的，厭惡感瞬間消失。小菁發現看到老公的LINE或接到他的電話，比接到詐騙集團的電話更討厭。

都已經這麼煩老公了，小菁當然不會想跟老公行房，以前老公若想做愛，小菁不管有沒有慾望都會配合，現在只要老公一說想做愛，小菁馬上回他「我頭痛」、「我睏了」便蒙頭就睡。如今他們已經一年多沒做愛了，小菁也想過老公或許會有所不滿，但她真的不想再跟老公有親密接觸了。

小菁知道老公沒做錯什麼，也沒故意惹她，甚至好幾次都是小菁故意挑釁老公，若依老公以前的個性，定會大為光火，跟她大吵一架，但現在老公居然只是歎了口氣，就自己出門去了。

小菁常在心中吶喊：「我真的好煩、好想離婚。我想離開這個男人、離開這個家，甚至想離開這個城市，住到花東的偏遠鄉下……」

你是否也曾像小菁這樣，看到某個人就覺得很煩？胸口常有股說不出的煩悶感？是否有某人的言行，讓你怎麼看都覺得討厭？若你有這樣的感覺，那你可能就是心靈太疲累了。

當一個人長期勞累、心靈疲乏，還要求自己繼續努力，不得休息時，就可能看到什麼都煩，小菁將厭煩感投射到先生身上，但若她繼續疲累，那麼讓她心煩的對象就會愈來愈多。長此以往，她可能會常常想哭，或沒來由地陷入憂鬱。

如果你有類似的感覺，就是內在在提醒你，該休息了。或許度個假，沉澱心靈，再重新出發，煩悶的感覺就能一掃而空，讓你擁有全新的心情與動力。

41 你要當醫生，將來才不會餓死

思琳的兒子小誠念第一志願的高中，今年升高二要選組，思琳想以過來人的經驗，給他一點意見，卻發現兒子非常難溝通，想怎樣就非要怎樣不可。

思琳自認是尊重孩子的開明媽媽，她分析了各種類組的利弊給兒子聽，但兒子卻非常堅持己見，大人說什麼都聽不進去，只好請我幫忙：「王醫師，我兒子好像腦袋打結了，不管怎麼講，他都聽不懂。所以我想請您跟他聊聊，或許別人的意見他比較聽得進去。」

後來我見了小誠，問了選組的事，小誠卻說：「我媽說她是在跟我溝通，但其實不是『溝通』，而是『說服』，她只想要我照她的意思做選擇。」

小誠從小就對文科比較有興趣，國文英文成績也一向比數學理化好，所以選組時決定選社會組。他知道爸媽都希望他選第三類組，將來可以考醫學系，畢業後當醫生，但他對第三類組真的沒興趣。

小誠委屈道：「我爸媽並不是現在才希望我選第三類組，而是從我國一開始就常告訴我，舅舅是醫生，社會地位高，收入也很好，希望我將來能跟舅舅一樣。如果我的興趣是在第三類組，我一定努力拚醫學系，畢竟誰也不想讓父母失望，但我的興趣就是在社會組啊！」

小誠跟爸媽討論選組之事，表明自己要選社會組時，爸媽立刻拉下臉來，媽媽說：「你選社會組，大學要念什麼系？西班牙語系嗎？將來出來是能做什麼？」小誠說：「社會組又不只西班牙語系，選擇也很多。我比較擅長文科，想選社會組，將來依自己的專長來考大學。」

媽媽不以為然：「不擅長的科目只要努力學，就變專長了啊！難道愛因斯坦一出生就很擅長物理學嗎？還不是學出來的！你說你對文科有興趣，媽媽也很認同你，你大可多閱讀文史類的書，現在景氣這麼差，年輕人起薪這麼低，你如果不選第三類組去當醫生，小心將來餓死街頭！」

小誠的爸媽就這樣軟硬皆施、文攻武嚇，非要兒子選第三類組、將來當醫生不可，但小誠還是堅持選社會組。直到現在，媽媽還是每天唸叨，要小誠轉第三類組，小誠說：「現在只要一回到家，壓力就好大，家裡的氣氛也一直很緊繃。」

很多人對家人都會有「掌控欲」，父母會「情緒勒索」孩子，要孩子依照自己期待的方向發展。他們會說「我是為你好」、「我都是為你著想」、「我看事情的高度比你高」、「我是過來人」、「我吃過的鹽比你吃過的米多，我走過的橋比你走過的路多」，一旦孩子的想法與父母不同，雙方就會起衝突，讓彼此都會有「受害者」的感覺。

現代家庭不像上一代，為了逼迫孩子，會大聲斥責孩子，或對孩子暴力相向，但家人間的「掌控欲」依然常見。如果說上一代的掌控是「硬掌控」，現代家庭的掌控就是「軟掌控」，包括說道理、言語威脅、動之以情、製造罪惡感，或以利誘之等等，但只要造成對方的壓力，都可算是「情緒勒索」。

42 如果你繼續跟她來往，我就不給你錢了

「我媽一直以為我跟女友已經分手了，但我們從沒分手，只是變成了『地下戀人』。」大三學生小凱說。

小凱和女友會變成「地下戀人」，是因為小凱的媽媽不喜歡女友。小凱在大二時認識了女友，認識一個多月後，就帶她回家。媽媽跟女友聊天時，瞥見她兩手臂都有刺青。

當天晚上媽媽就跟小凱說：「我們是單純的人家，我無法接受身上有刺青的女孩。」媽媽認為有刺青的女孩大多有幫派背景，愈想愈擔心，強迫小凱一定要跟女友分手。無論小凱怎麼強調女友雖有刺青，但絕對是個好女孩，媽媽都不能接受。

母子倆因此吵了好幾次，媽媽說：「兒子，你要相信媽媽的直覺，媽媽不會害你，你絕對不能跟她在一起。如果你不跟她分手，我就不給你生活費了。」

小凱本以為媽媽只是在恐嚇他，畢竟媽媽不給他生活費，他就得流落街頭了。豈料到了下個月，小凱刷了提款卡，發現真的一毛都沒入帳，才知大事不妙。

於是小凱打電話給媽媽：「媽，妳是不是忘了轉生活費給我？」媽媽沒好氣地說：「你先告訴我，你跟她分了沒？」小凱只好說：「我們正在談分手，妳先把生活費轉給我，不然我沒錢吃飯了。」媽媽冷冷地說：「等你們真的分了，再來跟我說吧！」

隔天小凱打電話跟媽媽一再保證，跟女友已經分手，媽媽才將生活費轉給他。但分手的事當然是騙媽媽的，小凱跟女友說好要瞞著媽媽交往，兩人因此成了一對「地下戀人」。

小凱告訴女友：「等我大學畢業，開始工作賺錢，就公開我們的交往。那時我有了經濟能力，不須再依靠我媽，就不用管她說什麼了。」

小凱的媽媽以金錢掌控家人的行為，正是許多家庭常用的情緒勒索手段。

根據心理學家蘇珊・佛沃（Susan Forward）的觀察，情緒勒索者大致分為施暴型、自虐型、悲情型、欲擒故縱型四種型態，不論哪一種，都是要掌控對方、強迫對方依照自己的意思做決定。以金錢控制對方屬於施暴的一種，雖然控制金錢不是肢體暴力行為，卻也是一種軟性暴力。

而被情緒勒索的一方雖有「受害者」的感覺，但多半會乖乖被勒索，比如小凱的「分手」給媽媽看。還有人是因為習慣討好他人、不敢拒絕他人、害怕人際衝突、認為自己不夠好，需要他人肯定等因素，而忍受著他人的勒索，感覺自己是「受害者」。

無論是勒索者或被勒索者，都必須學習建立人際關係中的界限，讓彼此間不再互相情緒勒索、不再感覺自己是「受害者」，重新建立互相尊重的健康關係，讓彼此都能自由。

43 情緒勒索和關係界限

「我真的快受不了我老婆了，她簡直把我搞得眾叛親離！」永松怒道。

永松和太太小欣結婚五年多，前兩年還好，但第三年開始，小欣跟他說她很討厭婆婆，因為婆婆跟小欣說：「妳哥哥不是有僵直性脊椎炎嗎？不知道妳有沒有這種基因？將來生的孩子會不會也得僵直性脊椎炎？」小欣聽了大為憤怒，覺得婆婆瞧不起她家，她本來不想說，苦苦隱忍了一年多，最後忍不下去了，才向永松抱怨。

從此以後小欣只要談起永松的家人，就全是攻擊與抱怨，有幾次她跟永松回婆家，全家吃完飯，小姑不洗碗，只看著她一個人洗。還有一次大姑去日本玩，帶回來送她的禮物，似乎沒有給永松的嫂嫂的禮物好，她覺得婆家全家都瞧不起她。

這些事情小欣反覆抱怨，一唸再唸，後來只要永松打電話給家人，小欣就立刻大力甩門進房間，整晚都不跟永松說話。永松是很怕衝突的人，不希望夫妻間劍拔弩張，日子難過，就漸漸不敢在家打電話給家人。假日若要回家，也不敢約小欣，總是自己偷偷回去。

「現在我兩面不是人，小欣討厭我家人，不希望我跟家人連絡，但我想跟家人說話。我家的人看我這麼怕小欣，都很討厭她，還指責我怕老婆、沒有用，我夾在他們中間，覺得好痛苦喔！」

永松為了討好老婆，維持表面和諧，不敢劃清關係界限，只能一再被老婆情緒勒索，也不敢在老婆面前跟家人連絡，讓自己萬分委屈。

永松若想改變這樣的關係，就必須勇於做自己，劃清關係界限，讓老婆知道，妳可以不喜歡我的家人，但那是我的家人，我愛他們，不可能因為妳不喜歡他們，就跟他們斷絕關係。只要他立場堅定，界限明確，就比較不會繼續被情緒勒索，也比較不會有「受害者」的感覺。

程老先生是一九四九年隨國民政府來台的軍官，一生投身軍旅。他生前曾多次向妻子提起，希望家裡每一代至少有一個男孩當軍官。程老先生過世後，程老太太告訴自己，一定要完成丈夫的遺願。

夫妻倆唯一的兒子也是軍人，他們在兒子小時候，就決定栽培他成為軍官，因此兒子高中畢業後，就幫兒子報考了官校，後來兒子在軍中升到了中校。

可惜兒子英年早逝，老太太唯一的孫子今年十八歲。程老太太遵照丈夫的遺願，勸孫子念軍校，孫子也同意了。但孫子就讀軍校不到一個月，就說他受不了軍校的作息與氣氛，執意休學回家。

孫子目前在補習班補習，準備考一般大學，程老太太不時勸他去讀軍校，將來跟爺爺、爸爸一樣當軍官，但孫子非常反彈，後來索性不跟程老太太說話了。

程老太太覺得無奈又痛苦：「我完成不了老公的遺願，無法對先生交代，孫子也跟我翻臉，不理我了，我真的不知道該怎麼辦？」

程老太太向孫子情緒勒索，孫子則劃起關係界限，不讓奶奶越過楚河漢界。如果程老太太想回復祖孫關係，一定要學會尊重孫子的關係界限。兩人彼此尊重，關係才能和諧。

44 終止情緒勒索，學會肯定自己

家豪婚前就跟老婆說好，婚後男主外女主內，他工作賺錢，老婆當家庭主婦，打理家裡大小事。老婆則要求家豪賺的錢要交給她統籌管理，她每個月會給家豪固定的零用錢，家豪也同意了。

老婆每月給家豪的三千塊零用錢是精算過的：家豪早餐晚餐都在家裡吃，所以只有午餐跟機車油錢的開銷，一天大約一百多塊。家豪每個月平均上班二十幾天，所以她一個月給家豪三千元，應該綽綽有餘，家豪如果不夠用再告訴她。

家豪一開始也想大家省吃儉用，可以存錢，雖然生活過得有點拮据，熬一下也就過了。但家豪漸漸覺得這種生活實在太辛苦了，比如同事們要一起訂飲料，他都不能一起訂，因為他沒有多餘的錢可以開銷。

家豪曾向老婆表明三千塊不夠，需要再多一點，但老婆質問他：「你到底還要花什麼？如果真的還要多花什麼再跟我說吧。」家豪心想：「我總不能跟妳說，我想訂飲料吧？」

如果老婆跟他一樣節儉，他心裡還會平衡一點，但他常看老婆跟朋友去逛街，有時買的東西根本用不到。家豪真的很不爽：「那是我辛苦賺的錢，為什麼我不能花？」

朋友問家豪：「那你幹嘛不明白告訴你老婆，你一個月的生活費需要多少？或乾脆把經濟大權拿回來，由你來規劃錢怎麼使用？」

家豪苦笑說，他跟老婆大學時是班對，老婆是班花，人長得漂亮又伶牙俐齒。當年家豪追求她時，大家都說他配不上她。或許是家豪認真追求，老婆終於被他打動，願意跟他在一起。

他們成為情侶後，很多人都笑他們是「美女與野獸配」，家豪知道老婆的條件比他優越，自己配不上她，老婆肯「下嫁」給他，他都替她覺得委屈，所以婚前就許諾她，將來經濟大權歸她，房子車子也登記在她名下。

家豪並不是不想跟老婆談每個月的零用錢，而是根據他的經驗，只要一開口，兩人就可能吵架，老婆會質問他花那麼多錢做什麼？以她的「口才」跟「氣勢」，家豪根本不是她的對手，只要被她抓到他話中的語病，她就會順著語病開罵。家豪不只吵不贏她，還經常被她罵得啞口無言。

家豪說：「跟她吵架日子只會更難過，因為她吵完架之後，會跟我冷戰，直到我向她道歉，才肯放我一馬。結果不但問題沒解決，還可能從此被她翻舊帳，說我兇她、對她態度不好，那我日子豈不是更難過？所以還是什麼都別說，忍一忍就是最好的方法。」

家豪覺得自己被老婆「情緒勒索」，但一個巴掌拍不響，他們夫妻能長期維持這種關係，除了老婆的性格習慣掌控外，家豪也有「被掌控」或「被情緒勒索」的人格特質。

所謂「被情緒勒索」的人格特質就是：擔心衝突、害怕對方生氣，希望維持關係的和諧。此外，家豪還認為自己「不夠好」、「配不上對方」，才會乖乖被掌控與勒索。若家豪想改變關係，不再被「情緒勒索」，就一定要先破除「自己不夠好」的想法。

45 你認為自己夠好嗎？

在人際關係中，「沒自信」或自認「不夠好」的人，因為渴望他人的肯定，多半不會拒絕他人，也比較會討好他人，很容易成為關係中的「被情緒勒索者」。

所謂的「沒自信」或自認「不夠好」包括：認為自己醜、胖、窮、學歷低、社會地位低、出身背景差等，甚至沒有任何原因，就是覺得自己「不夠好」。

常有學員問：「我是一個沒自信的人，要怎麼讓自己變得有自信？」或：「我常認為自己不夠好，要怎麼做，才能感覺自己很好呢？」

要從「沒自信」變得「有自信」，或從自認「不夠好」變得「夠好」，關鍵不在於練出更好的身材、賺更多錢、取得更高學歷，或擁有更多元的人際關係。因為對這類人來說，不管自己再怎麼努力，都會發現有人身材比他好、金錢比他豐裕、學歷比他高、人際關係比他圓融，他們還是會覺得自己不夠好，也依然沒自信。

因此，若想消除「不夠好」或「沒自信」的感覺，根本之道就在於超脫「好」與「不好」、「自信」與「沒自信」的比較心，只要不去比較「好」與「不好」，就不會因為「不夠好」而失去自信，就可以簡單自然、理直氣壯地當一個「人」。這樣的人會超脫「自信」與「沒自信」，自在地做自己，也因不會自我鄙薄，看起來總是充滿自信。

許多人從小就被灌輸了「比較心」，才會認為自己不夠好。比如安徒生童話《醜小鴨》的故事，就可能引導孩子認為自己「不夠好」。

話說有一天，鴨媽媽孵出了一窩小鴨，其中有隻「小鴨」長得跟兄弟姊妹都不一樣，特別高、也特別醜，兄弟姊妹因此笑牠是「醜小鴨」，醜小鴨常常因為自己太醜而自卑。

冬去春來，醜小鴨長大了，鴨大十八變，牠變得美麗不可方物。兄弟姊妹看著醜小鴨不禁羨慕了起來。

原來醜小鴨並不是鴨，而是一隻美麗的天鵝。

這個故事本是要勉勵大家，即使出身不如人，只要努力，依然可以出人頭地，傲視群倫。但若從動物的角度來看，這不是童話，而是笑話，因為世上不會有任何一隻鴨子因為醜陋而自卑，也不會有任何一隻天鵝因為美麗而驕傲，更不可能有鴨子會羨慕天鵝的美貌。動物沒有比較心，不會覺得自己「不夠好」或「沒自信」，牠們只是理直氣壯地做自己。

自認「不夠好」或「沒自信」的人請看看蟑螂，蟑螂沒錢、沒學歷、長得也不怎麼樣，卻經常大搖大擺地在人面前走來走去，牠們只是自在地當蟑螂。一個人若總認為自己「不夠好」或「沒自信」，豈不是比蟑螂還不如了？

所以，請放下「比較心」，跳脫「好」與「不好」、「自信」與「沒自信」的思維，簡單地做自己，就能自然而然地展現自信心了。

46 你的家人之間總是互相干涉嗎？

德成幾欲抓狂地說：「我快被我老婆煩死了，每天吃晚餐時，她都要強迫我照她的飲食原則進食，還全程盯著我吃，實在是很痛苦。」

有一陣子，德成的太太相信吃全素能讓身體健康，因此做的晚餐都是全素。只要德成想吃肉，太太就會對他曉以大義：「吃肉會引起心臟病、腎臟病，我是為你好，才要你吃全素。」

沒想到過了一陣子，太太又相信「生酮飲食」可以減肥，並讓身體更健康，晚餐改盯著德成吃完烤豬排跟滷豬皮，不准他多吃飯。德成說：「我工作了一天，肚子很餓，可以吃一碗飯嗎？」太太斬釘截鐵說：「絕對不行！聽我的準沒錯，我一定會讓你愈吃愈健康！」德成真的很想說：「可不可以不要為了健康吃飯，而是讓我輕輕鬆鬆、開開心心吃一頓晚餐？」

你跟家人之間也像這樣，經常建議、指導、要求、指責、掌控、干涉對方，導致彼此都有壓力嗎？

家人對彼此的言行，有不合己意、不順眼之處，多半會希望對方改變。要求家人改變言行時，很多人會用「我愛你」、「我在乎你」、「我關心你」或「我是為了你好」等理由，適度的要求或建議也許會讓對方感覺被關心，但若是過度要求或建議，就可能讓人壓力山大，影響到家人間的感情。

一個人若在家中有壓力，就會感覺家庭溫暖減少，回到家不但無法放鬆，還必須處於備戰狀態。

有位朋友說：「自從我太太到心靈團體學習後，我們家簡直不得安寧，她經常在家聽演講，而且播放得很大聲，還強迫我們一起聽，說要改變我們的心靈。

朋友也知道心靈演講很好，可以帶給人們正面能量，但有時他只想輕輕鬆鬆地看一下電視，但太太若看到他在看電視，就會把電視關掉，非要他聽演講不可：「你看的節目根本沒營養，看那些節目是在浪費生命，只有聽演講，才能改變你的人生。」

有時朋友在看電影，看到正精采時，在電腦上看演講的太太會忽然轉頭跟他說：「你過來聽這段，老師說的就是你！」若朋友回說看完這段電影再說，太太就會瞪著他，大聲叫他一定過去，跟她一起看直播，搞得朋友一肚子火！

有位糖尿病患很希望女兒假日回家看她，但又超怕女兒回家。因為她每次一回家就開始翻冰箱，一邊唸叨：「媽，妳有糖尿病，不能吃蛋糕，也不能吃巧克力，妳不知道嗎？這麼不忌口，小心洗腎啊！」

女兒說的她都明白，雖說糖尿病患不宜吃甜食，但她還是會有口欲，偶爾也想吃個蛋糕，但女兒如此嚴格盤查她的食物，讓她壓力很大，她說：「現在只要聽說我女兒要回家，我就會趕快把巧克力或蛋糕藏到櫃子裡，然後戰戰兢兢，唯恐被她發現。」

你會干涉家人的生活方式，而讓對方很有壓力嗎？如果會，請你學習讓家人自由，你可以適度關懷家人，但也要讓家人自在地做自己，這樣的家最是令人輕鬆愉快！

47 尊重家人的隱私

現代人都知道人人皆有「隱私權」，必須尊重彼此的隱私。法律也保障人們的隱私權，誰都不得侵犯他人的隱私。但要說最不尊重他人隱私的人，往往就是家人。

阿平的太太每天晚上都會檢查他的手機，看他的LINE跟電話通聯紀錄。他覺得太太非常不尊重他，但若不把手機給太太，太太就會板著一張臉質問他：「你是不是心裡有鬼？不然為什麼不敢給我看？夫妻間有什麼不能讓對方知道的祕密？如果你想看我的手機，我也會馬上交給你！」

太太看他的LINE及通聯記錄時，還會一邊質問：「這個人是誰？你為什麼跟她聊那麼久？」很像警察在盤問嫌疑犯。有一次他的LINE新加一位女同事，加完後完全沒對話，太太看到後，一臉不悅地問：「這是誰？為什麼你把跟她的對話全刪了？」朋友說：「我才剛加她的LINE，還沒有對話過。」太太瞪了他一眼：「你當我三歲小孩嗎？這種謊言你也編得出來？」

太太還會每天逐張檢查阿平的發票、信用卡刷卡記錄，看他有沒有跟其他異性出遊或用餐的蛛絲馬跡，或出軌的端倪。

如果你家也有類似的狀況，建議你尊重家人的隱私，絕對不要偷看，或強迫對方將隱私拿給你看，讓家人自由自在地做自己，想分享的事可以盡情分享，不想告訴家人的事也可放在心裡，或找其他更合適的人傾訴。

曾有位女性個案對我說：「你說尊重家人的隱私，我非常同意，但你能保證我尊重我老公的隱私，他就不會出軌嗎？我偶爾查一下他的LINE，如果他跟女性朋友或女同事有曖昧對話，我可以在他們剛燃起感情火花時，就將火花撲滅，預防之後的外遇。我覺得這也是維持婚姻穩定的方法之一，更何況我都是趁我老公洗澡時，偷偷查他的LINE，他應該不會發現。」

我說：「我的確無法保證你老公不會外遇，但尊重對方的隱私，在不經對方允許下，絕不看對方的ＬＩＮＥ、email、message或日記等隱私，可以讓對方覺得在家很自由、很安心。如果家人能尊重彼此的隱私，大家就不必擔心家人窺探自己的隱私而小心翼翼提防，ＬＩＮＥ等社群軟體不用頻繁刪除或更換密碼，洗澡時也不必將手機加防水護套帶進浴室，那不是很好嗎？」

有位女性已經三十多歲了，還沒結婚，跟爸媽住在一起。她在家從不鎖門，因為爸媽從小就告訴她，家人之間是沒有祕密的，因此不准她鎖門，還說鎖門就是排斥他們。直到現在，家人想進她房間，都是直接開門，從來不曾敲門。但她說：「他們經常無預警地進我房間，讓我覺得很不舒服。」人人都需要隱私，即使家人之間也不例外。

若想讓孩子從小就知道他可以擁有隱私，請爸媽切記，即使孩子還小，進孩子房間前，也一定要敲門，得到孩子的允許後，才可以進門。

尊重家人的隱私，從自己做起，家人之間若能尊重彼此的隱私，彼此都將擁有最充分的自由。

48 別讓「拯救者」變成「受害者」

雅惠二十七歲時認識了同齡的志傑，當時志傑是一家小公司的業務，雅惠則是護理師。志傑很有才氣，相當以自己的文筆自豪，常給雅惠看他刊登在報章雜誌上的作品，讓雅惠讚嘆不已。

兩人約會時，志傑常說：「我從學生時代就是文學獎的常客，很想繼續創作，可惜被業務工作困住，無法大展所長。如果有充裕的時間創作，有一天我一定能成為像金庸一樣的名作家，擁有可觀的收入。」

雅惠想起國際大導演李安年輕時，也曾有六年多的時光都在家儲備靈感、養精蓄銳，由太太賺錢養家。後來李安真的成為知名導演，還拿下奧斯卡金像獎。將來志傑若成為文豪，自己豈不就是成就他的女人？於是雅惠說：「不然你辭掉工作，專心創作，這幾年先由我來賺錢。」

聽雅惠這麼說，志傑感動地握著她的手：「謝謝妳，讓我做自己，我一定會努力，不辜負妳的期望。」婚後幾個月，志傑決定專心創作，於是辭掉了工作。

後來兩人有了孩子，全家開銷就靠雅惠一個人，雅惠覺得很辛苦，下班回家後，看到老公抽著菸在看影片，感覺更是疲累，她常耐著性子問志傑：「小說寫得怎樣？」而志傑也總是回答她：「沒有靈感，看點影片，看會不會有什麼想法。」

雅惠常告訴自己，李安的老婆也說過，她「養」李安的那幾年，李安經常無所事事，只是每天看報、抽菸、喝咖啡、帶小孩。她想就再等等老公，或許有一天他能寫出曠世名作，除了在台灣出版，還能賣到中國大陸、譯成英文賣到歐美，她就等著數錢，過好日子。

一眨眼十五年過去了，孩子都已經國二了，十五年間志傑寫了三本小說，都乏人問津。雅惠多次問他要不要找個工作，分擔家裡的開銷，但每次志傑聽了都很火大，說她不相信他，還跟她吵架，雅惠覺得：「這樣的人生讓我覺得好累……」

在人際關係中，有些人想成為幫助他人的「拯救者」，並在這個角色中得到成就感或存在感。「拯救者」若真能「拯救他人成功」，或許可以得到快樂，但若消耗了許多能量，要改變或拯救對方，對方卻依然故我，甚至狀況更糟，「拯救者」就可能變成「受害者」，認為自己被對方所害，或被對方拖垮了。

有個朋友某日下班回家，看到老婆臭著一張臉，便問她：「怎麼了，幹嘛不高興？」他想逗老婆開心，便嘻嘻笑道：「來！笑一個嘛！」沒想到老婆變臉對他吼道：「你可以滾遠一點嗎？別來對我嘻皮笑臉！」朋友一聽氣得要命，心想：「我是想讓妳開心一點，妳居然罵我？」

這位朋友也是從「拯救者」變成了「受害者」，其實家人或伴侶情緒低落時，不必急著拯救對方，只要陪著對方，或讓對方有時間獨處，給對方時間轉念、改變情緒，或學習為自己負責，反而有助於關係的和諧與長久呢！

49 總是受傷的「拯救者」

小芸大二時交了男友。在交往期間，他們經常一起出遊，因為體恤男友功課繁重，每次出遊都是由小芸規劃行程，上網訂旅館。平常小芸也常到男友租屋處下廚，幫他料理晚餐。男友洗好晾好的衣服，小芸也會幫他一件一件摺好。凡事小芸都盡可能地幫男友打點，讓他不用為瑣事煩心，盡情做自己想做的事。

大學畢業後，男友到某家設計公司任職，認識了一位女孩。過了幾個月，男友跟小芸提出分手，理由是：「妳的個性很獨立，一切都可以自己打理，不像那個女孩，很多事都必須依賴我，心事也只能跟我說。妳可以把自己照顧得很好，但她如果沒有我，可能會被人欺負，受很多委屈。所以我想了想，決定跟妳分手，然後照顧她。」

這個分手理由真是讓小芸無語問蒼天，想不到自己竟然因為太獨立、對男友太好，才會在愛情的競爭中失敗。

男友顯然希望在愛情中扮演「拯救者」，才會跟不需要被拯救的小芸分手，轉而跟需要被照顧拯救的女孩交往。

在人際關係或伴侶關係中，有人會希望自己是「拯救者」，在拯救別人的過程中，獲得價值感與存在感。

現在小芸的男友是有婦之夫，她知道小三會被許多人唾棄，但她就是離不開男友：「他是很好的男人，不僅對人體貼，對我也非常好，很照顧我，可惜他沒有娶到愛他的女人。」

男友跟小芸說：「我太太跟我講話總是冷言冷語，不論我跟她說什麼，高興的也好，難過的也罷，她都面無表情。因為感情不好，我們已經有三年沒做愛了。」每次聽男友說這些，小芸都覺得好心疼。

男友說他認識小芸後，才明白什麼叫「相見恨晚」。他們無話不聊，什麼話題都可以聊得很開心。每當他失意或遇到生活上的難題時，都只想跟小芸一個人講，因為全世界只有小芸一個人懂他、了解他。他常常感慨，如果早點認識小芸，跟小芸在一起，他的人生一定完全不一樣。

小芸並不是自私的人，也不想破壞男友的家庭。有時甚至會給男友一些建議，看他能不能重燃跟太太之間的感情。雖然小芸也很矛盾，因為男友若跟太太回復感情，就代表小芸失去了他，但如果他能跟太太尋回從前的甜蜜，小芸還是會祝福他。

然而每次小芸說了之後，男友總是嘆氣：「能做的我都做了，她不愛我，我做什麼都沒用。唉！為什麼當初我娶到的人不是妳？」小芸對男友是又愛又心疼：「朋友們常說我傻，被他騙了，但我真的不想離開他。我只希望有我在身邊，他能更快樂。」

小芸會成為小三，也是因為「拯救者」的心態。如果放不下「拯救者情結」，她將繼續陷在三角關係中，難以跳脫。

50 我們一起想辦法對付這個男人！

有些人充滿正義感與熱情，聽人說到委屈或受害的事，就會自然而然地扮演起「拯救者」，想幫人對抗或脫離苦難，還可能強迫別人按照自己的建議去行動，若對方不願意遵從，他們就會動怒，或心生無力感。

某日，小英跟閨密小玉聊天，得知小玉的老公有了小三，小三還已經懷孕，老公決定要離婚。老公除了要他們唯一一個孩子的監護權外，還兇巴巴地對小玉說：「家裡的財產都是我辛苦賺來的，我不覺得妳對我有什麼幫助，就算離婚，妳也休想分走多少財產！」

小玉剛結婚時，有個收入還不錯的工作，但懷孕之後，老公就要她辭職，專心在家帶孩子，全家的開銷靠老公就好，所以她才會辭掉工作。想不到談離婚時，老公竟惡言相向，說家裡的財產都是他賺的，小玉沒有任何付出，這樣的話讓她覺得很委屈。

小玉覺得夫妻感情已經走到盡頭，老公若真的不給她任何財產就算了。她也不打算告小三破壞家庭，畢竟給別人一條活路，就是給自己一條活路，現在她唯一想要的只有小孩的監護權，她怕小孩跟著老公，新媽媽不會善待他。

小英聽到此事，想起了自己的前夫。當年小英也是因為前夫外遇，被迫離婚。小英苦苦哀求前夫別離婚，豈料前夫竟學起電視劇的對白，對小英說：「感情的世界裡，不被愛的才是第三者，妳就成全我們吧！」離婚後，小英內心充滿了怨恨，直到參加心靈團體，經過學習，心才慢慢安定下來，但對前夫的恨依舊無法完全釋懷。

如今一聽閨密也被逼離婚，火大得要命：「妳絕對不能輕易饒了妳老公，一定要採取法律途徑，告他跟小三。是他對妳不仁，不是妳對他不義，他既然無情無義地辜負妳、欺負妳，妳就絕不能對他心軟。我會陪妳想辦法，一起對付這混蛋男人。」

小玉卻說：「夫妻一場，得饒人處且饒人，就算告到小三被起訴又怎樣？我依然挽不回老公的心。既然老公不愛我了，不想分給我財產，那我全都放棄也沒關係。只希望他念在夫妻一場，給我孩子的監護權。」

小英愈聽愈火大，大聲斥責她：「就是有妳這種懦弱的女人，才會放縱男人外遇啦！如果妳什麼都不敢做，我給妳建議又有什麼用？我看妳也只是在討拍而已！」

小英非常憤慨，對閨密感覺很無力，然而她可能迷失了，因為她已化身為「拯救者」，希望幫助閨密痛懲惡劣的老公，為閨密出一口惡氣，但閨密跟她談起此事，或許只是想紓解鬱悶的心情，獲得她的支持而已。

如果你也希望真正幫助他人，千萬別像小英這樣，一經他人言語撩撥，就變成「拯救者」。而若不想當「拯救者」，就請先觀照自己，並安頓自己的心。唯有自己的心安定了，才可能幫助他人安頓心靈。

51 你希望你愛的他快樂嗎？

下班後的小珍在廚房做晚餐，老公在客廳看電視，看得哈哈大笑，他笑得愈開心、愈大聲，小珍心裡就愈不是滋味，心想：「我在廚房忙得焦頭爛額，你就只會等著吃飯嗎？你那麼閒，有空看重播那麼多次的電影，為什麼不過來幫忙？就算遞個碗盤，讓我輕鬆點也好啊！」

小珍道出了許多人的心聲，有些人在忙碌、疲累或心情不好時，不喜歡看到家人悠閒、輕鬆或開心。他會不由自主地起怨懟心，家人的快樂無形中「加害」了他，家人愈快樂，就會「害」他愈不快樂。

很多人都說自己最愛的是家人，希望家人永遠快樂，甚至生日許的願望都是祈願家人健康快樂。但有些人希望家人快樂，前提是自己要先快樂，如果自己不快樂，就不希望家人快樂，自己不開心時，聽到家人的笑聲，會覺得很刺耳、很厭煩，很想叫家人閉嘴，不要再笑。

他們雖然期盼家人快樂，卻希望自己的快樂更勝家人一籌，家人即使快樂，也不能比自己還快樂。

小菲家裡只有她跟先生兩個人，他們沒跟公婆住，也沒生小孩。小菲是家庭主婦，先生上班後，她忙完家中雜事，一整天都是可以自由運用的時間，生活十分悠閒自在。但有時她也想不出要做什麼事，心情因而變得煩悶。

小菲的先生是個很樂觀的人，每天上班都熱情洋溢地出門，下班後常吹著口哨，哼著歌回家，進門時還會大喊：「老婆！我回來了！」語氣中充滿了歡樂。

每當小菲心情沉悶時，都會不由自主地想，明明她是家庭主婦，沒有工作壓力，先生是上班族，生活較忙碌，為什麼先生好像過得比她快樂、比她好？難道她應該再去上班嗎？

小菲坦言：「有時看到我老公那麼快樂，我都有股想發火的衝動，不知道為什麼，我就想澆熄他的快樂，讓他變得不快樂。」

看完小菲的故事，你不妨覺察一下自己，你真心希望家人快樂嗎？或是家人的快樂必須以你的快樂為前提？家人的快樂不能勝於你的快樂？若是如此，請你覺知你內心那隱隱的「受害者意識」，進而改變你的家庭關係。

本書談過各式各樣可能產生「受害者意識」的狀況、家人間的掌控與干涉，以及人際關係中可能出現的「拯救者」意識。只要細讀此書，並深入覺察，就能覺知自己的「受害者意識」，漸漸消融受害的感覺，減少對家人的掌控與干涉。

如此一來，人際關係或家人之間的關係，就會流動著愛、自由與快樂，彼此間也能真心互相支持與鼓勵。所以當一個人處在愛、自由與快樂的關係中時，內在會最為輕鬆自在，身體也將最為健康。

52 我們想要的，始終都是快樂

小晴覺得男友變了，兩年前男友追她時，對她百依百順，想方設法要討她開心，但自從答應跟男友在一起，兩人感情漸趨穩定後，男友就對她愈來愈冷淡，不像一開始那麼熱情，對她那麼好了。

男友在台北一家科技公司任職，小晴在新竹上班，兩人的工作都很忙碌，只能下班後打電話聊天，假日才能見面約會。小晴已經兩週沒見到男友了，因為男友公司最近接了大案子，週六要加班，週日他想補眠，不然會累到喘不過氣來，所以沒時間約會。

兩個禮拜沒約會，小晴很想看到男友，跟他說說話。禮拜三小晴打電話給男友：「你週日可不可以來新竹，我們一起吃個飯。」男友說：「公司的事還沒忙完，等下禮拜案子告一段落，我再去找妳。」小晴只能無奈答應，心裡有說不出的落寞。

到了週日午後，小晴心想男友應該睡飽了，於是打電話給他，卻怎麼撥都撥不通。過了兩個多小時，男友才回電：「妳有什麼急事找我？為什麼撥了十幾通電話？」小晴說：「沒事，只是想跟你聊天，你剛剛為什麼都沒接電話？」男友回說：「我去看電影啊！」

小晴聽了很火大，大聲罵他：「你有時間看電影，為什麼沒時間陪我？台北到新竹高鐵才幾十分鐘，用你看電影的時間搭高鐵早到了。」小晴愈說愈難過，忍不住哭著說：「你根本不愛我！」

男友連忙道歉：「寶貝，別生氣嘛！我只是覺得有點累，想去看看電影，紓解一下壓力，我知道妳不喜歡看英雄電影，才決定自己去看電影。」

但小晴完全不想聽他解釋：「你根本不在乎我，你在乎的永遠是你自己。」男友一聽也上火了，大聲說：「我就只是去看場自己想看的電影，這樣妳也不允許嗎？難道我的世界都得圍著妳轉？妳說妳想我，那妳怎麼不來台北找我，非要我去新竹呢？簡直無理取鬧！」

小晴被男友發了一頓飆，又生氣又難過，想起男友以前追她時，假日一定都留給她。約會時若一起去看電影，都會問她喜歡看哪一部，然後陪她看她喜歡的電影。平常打電話給他，不論幾點他都會陪她聊天，即使半夜兩點打給他，說她心情不好睡不著，男友也會陪她聊上個把鐘頭。

小晴恨恨地說：「果然男人只要把女人追到手，就一切都變了。他現在變得那麼自我，完全沒把我放在心上，我有時想想，我們遲早會分手。」

小晴認為男友變了，但其實男友並沒有變，自始至終，他想要的就是「快樂」。從前的他在談戀愛中得到快樂，現在的他有時認為看電影比跟女友聊天快樂，因此決定去看電影。

小晴追求的也是快樂，她的快樂是要男友陪他，當她的快樂跟男友的快樂相衝突時，小晴希望男友放棄自己的快樂，成全她的快樂，兩人於是起了爭執。

每個人都在追求快樂，即使在關係裡，人們依然希望擁有自己的快樂，因此，尊重與支持彼此的快樂，才能讓關係最和諧，也最圓滿。若彼此的快樂有所衝突，也應協調出平衡點，而非犧牲某個人，這樣才能讓關係長長久久。

53 在關係中自由

六十多歲的文雄離婚多年，三年前跟第二任太太結婚，她是文雄高中時的初戀女友，高中畢業後因故分手，直到三年多前才重逢，當時她已離婚兩年多。兩人重逢後，很快就陷入熱戀。再次相戀讓兩人發現彼此才是此生真愛，因此說好這次一定會牽好彼此的手，絕不會再放開。

兩年前文雄退休後，和太太有了更多相處時間，相約要攜手走遍天涯海角，不論走到哪裡，他們都要十指相扣。朋友都誇他們是「模範夫妻」，文雄也以為他們可以這樣甜蜜過一生。

但最近一年來，文雄老覺得有種說不出的悶，因為不論走到哪裡，夫妻倆都緊緊牽著手，讓他覺得不再像婚前那麼自由，很多事都不能做。比如文雄的大學同學從國外回來，他想單獨找同學聊聊天，於是跟太太說想自己去跟同學吃飯，太太馬上問他：「為什麼我不能一起去？難道你有什麼祕密不能讓我知道？」

文雄只好帶太太一起去，但他跟同學聊天時，太太還是盡可能地跟他十指交扣。同學以為他們故意在他面前曬恩愛，於是沒聊多久，同學就藉故離開了。

文雄愈來愈厭倦這種「走到哪裡都要跟太太黏在一起」的日子，胸口老是有股悶悶的感覺：「我好想跟我太太說，我想離開她一陣子，自己一個人過生活。」

不論再怎麼親密的關係，仍需尊重彼此的自由。擁有親密的伴侶關係，原本能讓人感到安心，但關係若過度緊密，很容易讓人失去自由，關係反而成了令人窒息的束縛。

人人都希望在關係裡擁有快樂，也渴望在關係裡保有自由。一旦在關係中失去自由，就會覺得自己好像是在為別人而活，總在配合別人，無法自在地做自己。

小君是個大二學生，某天她跟幾個同學約好週日一起去看電影，但就在看電影的前一天，爸媽突然跟她說：「爸媽有個朋友生病，我們要一起去看他，但他住在外縣市，我們要去一整天。所以要請妳週日留在家裡，幫妹妹準備三餐、送妹妹去補習班。」

小君對爸媽說：「可是我跟同學早就約好了。」爸媽卻說：「這位朋友跟爸媽很要好，我們非去看他不可，所以麻煩妳配合一下。跟同學看電影就下次再去，可以嗎？」

爸媽都這麼說了，小君實在很難說不，結果那一整天她非常煩悶，想到同學們正在看電影，看完還可以一起去逛街，就不斷埋怨爸媽把她留在家裡，對妹妹也很不耐煩，恨不得丟下她去找同學。

一天失去自由都讓人覺得不舒服了，更何況是長期無法做自己，更是令人苦悶。根據某些兩性專家的說法，許多未婚男女年齡愈大，愈不敢輕易走進婚姻，原因之一就是擔心有了婚姻，卻失去了自由，那才真是得不償失。

所以在關係裡，每個人的自由都需要被尊重和支持。一個人的人際關係若能充滿愛與自由，就能在快樂的關係中自在地做自己。

54 在關係中覺知

當你的「受害者情結」熾盛時，會像一隻豎起尖刺的刺蝟，你身邊的人自然會想抗拒你、與你衝突或逃避你，若你沒有覺知，就不會知道自己原來是刺蝟，只會感慨身邊為何有那麼多衝突、陷害、掌控或干涉。但若你能覺知到自己的受害者意識，並試著消融它，就能從刺蝟變成人人喜歡的小貓咪，人際關係也會充滿了愛、快樂與自由。

小怡婚後和公婆住在一起，唯一的兒子上小學三年級。由於小怡和先生都要上班，家裡的晚餐向來由婆婆打理，但婆婆超愛唸：「天氣這麼熱，我每天去市場買東西，熱得都快中暑了。還要配合孫子放學的時間，下午五點多就得下廚。炒菜時打開瓦斯爐，簡直熱上加熱，我真的有一天會為了煮飯給你們吃而熱死！」

又常說：「辛苦做飯給你們吃，你們都不怎麼捧場，常常剩一堆菜，害我每天中午都要熱隔夜菜來吃。」可是一旦把菜全吃光，婆婆隔天就會煮更多菜：「既然你們愛吃，那我就煮多一點。」結果又變成吃不完，她就又叨唸自己辛苦做的飯菜沒人捧場。

婆婆每次叨唸時，小怡都覺得壓力很大，覺得婆婆根本是在針對她：因為煮飯辛苦，就一直唸叨，暗示身為媳婦的小怡不煮飯，害得她一把年紀還要下廚；菜吃不完，就懷疑小怡飯前給孫子吃零食，孫子才會吃不下飯。

因為感覺婆婆在唸她，所以當下小怡想反駁，卻又怕給自己惹麻煩，可是婆婆的唸叨聲一直在小怡腦中盤旋，讓她很心煩。

後來小怡問我：「王醫師，我婆婆每天碎碎唸，是不是在暗示我們給她的菜錢太少？如果每個月多給她三五千塊，她會不會少唸一點？」

我回說：「妳可以試試看，說不定問題就改善了。」有時「受害者意識」也是促使人改變外境的力量，試著做出改變，或許情況會好轉。

不過，外境易改，內心難調，即使每月多給婆婆三五千塊，婆婆的碎碎唸也真的減少了，但小怡腦中還是有一個「愛唸的婆婆」，這個婆婆依然會喋喋不休，她內心也會反抗婆婆：「唸什麼唸？囉哩巴嗦！不愛煮就不要煮啊！」若她能在內心起「受害者意識」時隨即覺知，就能跳脫受害者思維，不再那麼容易因婆婆的話而心煩。

當婆婆的話不再撩起她的「受害者意識」時，她就不會再埋怨婆婆，內心也能更自在，或許她和婆婆的關係就能朝愛、自由與快樂邁進了。

第4章

不當受害者，你就百病全消

55 不當受害者，你就百病全消

若想從心靈療癒疾病，就請牢記以下四字口訣：

身病非真病，真病是個性；與其要治病，不如改個性。

那麼，人要怎麼改變個性？個性又是什麼呢？

根據我在臨床上的觀察，罹患慢性病的人都是起因於長期的壓力，所謂的「壓力」簡單來說就是：內在的「受害者」感覺。

當一個人面對「壓力」，也就是「受害者感覺」時，幾乎都有其慣性的對應模式。而「個性」就是一個人面對與自己相衝突的外境時，頭腦中起的「受害者感覺」，以及相繼而來的慣性對應模式。

每個人都有專屬的「受害者」感覺及專屬的慣性對應模式，也就是自己獨特的「個性」。不同的人面對同樣的外境，頭腦中產生的「受害者」感覺各自不同，對應模式也有所差異。

比如有兩個學生明天都要考試，A學生認為考試成績對他非常重要，內心緊張焦慮，還可能徹夜難眠。對A學生來說，想起考試會有強烈的「受害者感覺」，他的對應模式則是緊張焦慮。B學生不把考試當一回事，內心輕鬆自在，考試當天從容應試。對B學生來說，考試讓他萌生的「受害者感覺」較輕，他的對應模式是輕鬆自在。這就是兩個人截然不同的「個性」。

當一個人面對抗拒的外境時，會以自己的認知產生「受害者意識」，再以自己的慣性對應模式對付「加害」他的對象。「受害者意識」往往是慣性思維，這種慣性思維會認為別人在對抗、欺負自己，或與自己衝突，即使外境改變，頭腦中的「受害者意識」也未必會消失，仍可能持續存在。

若「受害者意識」長期存在於頭腦中，慣性對應模式也持續運作，此人就會長期處在內在衝突中。經年累月的內在衝突就可能造成慢性疾病，這也就是我所謂的「慢性疾病是由個性造成的」。

從身心靈醫學的觀點來說，「身體是心靈的一面鏡子」、「疾病是內在衝突在身體的顯現」，慢性病是個性造成的，個性創造了內在衝突，也創造了疾病。因此想療癒疾病，就必須改變個性，消融內在衝突。

若想消融內在衝突，改變個性，就要先覺知「受害者意識」，接納並消融它。一旦「受害者意識」減少或消融，其對應模式就會隨之減少或消失，於是性急的人變得淡定、暴躁的人變得和緩、焦慮的人變得輕鬆，也就是個性改變了。

當一個人個性改變後，身體也會隨之改變，慢性病就能不藥而癒，自然而然地擁有了完全健康的身心靈。

沒有「受害者意識」，就沒有高血壓；沒有「受害者意識」，就沒有糖尿病；沒有「受害者意識」，就百病全消。就讓我們一起來覺知「受害者意識」，接納並消融它，改變個性，成為全新的自己，創造愛、自由、快樂與健康的新人生。

56 改變慣性對應模式，創造全新的自己

若想讓個性更快、更有效地改變，除了消融「受害者意識」之外，還可以「改變慣性對應模式」。雙管齊下，個性會改得更快，身體也會更快健康。

慣性對應模式多半是與生俱來，或是從小培養出來的，本就難以改變，但一個人若連自己的慣性對應模式都不清楚，那就更難改變了。

比如癌症患者的慣性對應模式幾乎都是「苦悶」。所以我跟患者對話時，除了引導患者看到自己的「受害者意識」並消融它，還必須讓他看到他對應「受害者意識」時慣性的「苦悶」模式。

有些患者會反駁我：「王醫師，我相信你說的是真的，大多數癌症患者性格都比較苦悶，但我跟別人不一樣，我是一個樂觀、開朗又陽光的人，不論我走

到哪裡，都能為大家帶來歡笑，所以我並不符合你說的『身體是心靈的一面鏡子』。我認為我是罕見的特例，我的心靈非常快樂，卻也罹患了癌症。」

我從不刻意扭曲患者，讓他非符合身心靈醫學的原則不可，若患者說他很快樂，我不會說什麼「不，你不快樂，因為從身心靈醫學的原則來說，癌症是苦悶的，所以你一定是苦悶的」，如果患者說他很快樂，我也會尊重他。

然而，若再跟對方深談下去，他們大多會淚流不止地說出自己潛藏在表面快樂下的苦悶。當他們發現自己的慣性對應模式是「苦悶」時，就有可能開始轉變慣性對應模式。

慣性對應模式還有一個難以改變的原因，那就是許多人會「捍衛自己的慣性對應模式」。一個人若總是捍衛自己舊的慣性對應模式，就難以轉變出新的慣性對應模式。

舉例來說，高血壓患者大多有「個性急且掌控欲強」的慣性對應模式，某天，一位高血壓患者到餐廳用餐，點完餐半小時後，他的餐點還沒上，比他晚到的人餐點卻已經上了，他當下火冒三丈，把服務生叫過來破口大罵，身邊的人都勸他火氣別這麼大，他卻怒氣沖沖地說：「我這樣還好吧？你們是沒看過以前的我，如果以前有人敢這麼對我，我非把他們的招牌拆了不可！」

像這樣的人就是在捍衛自己的慣性對應模式，他們若想療癒高血壓，就必須放下捍衛心，並下定決心改變自己，才可能從「個性急且掌控欲強」的舊慣性對應模式轉成和緩的新慣性對應模式，進而療癒高血壓。

57 切莫合理化慣性對應模式

若想改變個性，完全療癒慢性病，可以雙管齊下，一是從生活中覺知「受害者意識」、接納及消融它，二是改變相應於「受害者意識」的慣性對應模式。

有人是因為不清楚自己的慣性對應模式，或捍衛舊的慣性對應模式，使得慣性對應模式難以改變。

但也有人在捍衛舊的慣性對應模式時，會將慣性對應模式合理化。比如前文提到在餐廳大發雷霆的高血壓患者，若旁人勸他有話好好講，不需要這麼火大，他可能會說：「好好講有用嗎？不發一頓脾氣，讓他們知道我有多生氣，他們會改進嗎？只怕將來他們還是會犯同樣的錯！」

這位患者這麼說，就是在合理化自己的慣性對應模式。

明明受慣性對應模式所苦，為何又要合理化慣性對應模式？可能是因為慣性對應模式曾為他帶來人際關係上的安定，當他想嘗試改變時，會面臨內心的衝突與阻力，擔心改變原本的慣性對應模式，會讓跟他互動的人心生不快，人際關係會因此有所衝突。

比如癌症患者多半有「苦悶」的慣性對應模式，而「苦悶」往往是因為委曲求全。

大腸癌個案小玲結婚後，老公說兩人的收入沒那麼充裕，如果一結婚就買房，生活品質可能堪慮，不如先跟公婆住，減少開銷，等存夠了頭期款再買房。

於是小玲婚後就住在婆家，想不到竟是噩夢的開始，因為婆婆嗓門大，脾氣又不好，公公則是滿口粗話，只要家裡有人做了什麼事讓公婆看不順眼，公婆就會大聲指責。小玲每天過得戰戰兢兢，凡事小心翼翼，唯恐犯了錯，被公婆責罵。

雖然老公跟小姑都說公婆只是講話大聲，不見得有惡意，但她就是壓力很大。每天下班後，只要想到要回那個家，就有點想哭，也不想進家門。

結婚五年後，小玲被診斷出大腸癌。許多朋友都勸她搬出來，不要跟公婆住，不然病不會好。小玲也很想搬出來，但若跟老公說她想搬出來，老公再告訴公婆，他們可能又會破口大罵，還可能質問老公為什麼要搬出去：「是跟我們住在一起不滿意嗎？我們幫你們減少房貸壓力，還得被你們嫌嗎？」所以小玲想想還是算了，寧可忍耐，也不想給自己製造麻煩。

小玲的慣性對應模式是「委曲求全」，「委曲求全」讓她覺得很苦悶，還因此罹患癌症。她或許也不想「委曲求全」，但這又是她維持家庭和平的慣用方法，因此合理化了自己的「委曲求全」。

由此可知若想改變慣性對應模式，就不能合理化慣性對應模式。唯有勇於求變，嘗試新的對應模式，才可能改變過去，創造全新個性的自己。

58 開啟遊戲心，成為不同的自己

慢性病患者捍衛慣性對應模式的原因之一，在於該模式雖會對患者造成壓力，導致疾病發生，但該模式又往往是促成患者成功的因素，所以很多慢性病患者會合理化自己的模式，也就更難捨棄舊有的慣性對應模式了。

比如高血壓患者的慣性對應模式是「個性急且掌控欲強」，這個模式會讓患者血壓升高，卻能讓患者處事積極具效率。

糖尿病患者的慣性對應模式是「容易煩惱及不願意承擔責任」，容易煩惱會讓患者血糖升高，卻能使患者趨吉避凶，避免許多不必要的麻煩。

癌症患者的慣性對應模式是「苦悶」，許多患者都是因「委曲求全」而感覺苦悶。「委曲求全」會讓患者產生癌細胞，卻能維持人際關係的表面和平。

慣性對應模式往往是促使患者成功或穩定的因素，所以患者不僅難以捨棄該模式，還可能因為練習改變而導致焦慮，比如高血壓患者在學習放慢生活節奏時，會有莫名的焦慮，擔心自己無法像過去那麼快處理完事情，也會掛心未完成之事。

因此若要改變慣性對應模式，患者可使用以下兩種方法：

一、告訴自己，現在先不要擔憂（恐懼／焦慮），若真要擔憂（恐懼／焦慮），以後再擔憂（恐懼／焦慮）就好：慢性病患者有自己對應「受害者意識」的慣性模式，該模式常使患者生出某種負面情緒，比如高血壓患者會急躁、糖尿病患者會焦慮、癌症患者會苦悶。若想改變慣性對應模式，可從生活中的小事練習起，讓患者先習慣放下負面情緒，進而改變慣性對應模式。

以高血壓為例，根據我的臨床經驗，高血壓患者量到血壓值偏高時，會急切地想把血壓掌控在正常值內，卻又因過度急切，反使血壓更高。此時患者不妨告訴自己：「我因血壓太高而緊張，我知道緊張不但無濟於事，還可能使得血壓更高。既然緊張對治療血壓無益，那我不如先放下緊張。如果非得緊張不可，我決定晚點再緊張，現在就先放輕鬆一下。」

經過不斷練習，就可能漸漸改變高血壓患者「個性急且掌控欲強」的慣性對應模式。

二、開啟遊戲心，成為不同的自己：有些患者即使想療癒慢性病，也不敢輕易改變習以為常的慣性對應模式。比如糖尿病患者大多容易煩惱、常會拒絕承擔責任，因為承擔責任會使他們更煩惱。若勉強糖尿病患者改變慣性對應模式，練習承擔責任，恐怕會使他們更煩惱、更焦慮。

因此建議患者試著開啟自己的遊戲心，嘗試「做決定，承擔責任，體驗每一個當下的感受」。或許開啟遊戲心後，就不會再那麼患得患失，擔心做錯決定，必須承擔責任與後果了。當患者學會不再煩惱，樂於生活時，舊的慣性對應模式就會改變，糖尿病可能就不藥而癒了。

59 不當受害者，你就不會得高血壓

我相信所有西醫師在治病時，都面臨了同樣的窘境，那就是醫學治療疾病時，往往不知道疾病真正的病因，無法治本只能治標，也就是說，醫學只能針對疾病的症狀來治療，而無法根治疾病。

對於高血壓等慢性病，醫學所能做到的極限，就是以藥物控制症狀，而無法療癒疾病，所以患者必須天天服藥，天天控制症狀。

相信多數患者都覺得每天吃藥、定時回診有點麻煩，還會擔心藥物的副作用，只是礙於治病所需，不得不遵從醫囑。曾有多位患者告訴我，他們很希望醫學可以發明一種藥物，只要服用一次，慢性病就能完全療癒，但當前的醫學還無法研發出這樣的藥物。

醫學無法做到的，身心靈醫學卻有良方，就像本書以身心靈醫學的方法，引導大家療癒慢性病，讓罹患慢性病的朋友能回復健康。身心靈醫學的方法不需吃任何藥物，也不需花費一毛錢，只是這個方法不能由醫師來執行，而必須由患者自己來進行。

這個方法就是請患者改變個性。每種慢性病都可以用此法療癒，以高血壓為例來說，根據世界衛生組織（WHO）及國際高血壓學會（ISH）高血壓治療指引的說法，十八歲以上未服用降血壓藥物的成人，收縮壓高於一四〇mmHg（毫米汞柱）及（或）舒張壓高於九〇mmHg，即可診斷為「高血壓」。

醫學上有許多控制高血壓的藥物，卻不知道人為什麼會得高血壓，當代醫學大多將高血壓歸因於遺傳，卻不能讓醫學針對原因來療癒高血壓。

身心靈醫學則認為高血壓起因於「個性」，高血壓患者都有急躁且掌控欲強的個性，面對與自己相衝突的外境或內心時，頭腦會萌生「受害者」的感覺，其慣性對應模式就是急著掌控讓自己感覺「受害」的外境或內心。當患者總想快速掌控一切時，血壓也就隨之升高了。

若想療癒高血壓，就必須讓患者覺知、接納並消融「受害者意識」，轉變「個性急且掌控欲強」的慣性對應模式，建議患者可以練習靜心，或學習太極拳、書法、雕刻等等，讓自己「慢活」，其慣性對應模式就會淡化，掌控欲跟著減少，個性也會從急轉慢，高血壓也就更快痊癒了。

60 不當受害者，你就不會得糖尿病

慢性病患者無不盼望自己回復健康，也多半將健康的希望寄託於醫生。從身心靈醫學的觀點來看，慢性病確實能治好，但真正治好疾病的人不是醫生，而是患者自己，治癒的方法也不是藥物，而是轉變個性。

身體是心靈的一面鏡子，疾病是身體對人的提醒。當一個人的個性造成自己痛苦時，身體就會經由疾病提醒他：「主人，你過得不快樂。」而若想回復健康，就必須轉變個性，讓自己變得快樂。只要心靈快樂，疾病就能不藥而癒，人也就自然健康了。

覺知、接納並消融「受害者意識」，以及改變慣性對應模式，是療癒所有慢性病的原則，只要以此原則改變自己，慢性病就不只是慢性病，還能成為人生的轉機，因為它會促使患者改變過去，重新活出健康快樂的人生。

醫學對於糖尿病的診斷原則是：空腹八小時以上的血糖值大於或等於一二六mg/dL，或臨床上有糖尿病症狀，即多喝、多尿、多吃、體重減輕等，以及任何時刻血糖值均大於或等於二〇〇 mg/dL。

醫學認為胰臟無法分泌胰島素、胰島素分泌不足，或胰島素不能被身體利用，導致血糖升高，就是罹患了糖尿病。但醫學並不清楚胰島素分泌不足、胰島素不能被身體利用的真正原因。

身心靈醫學則認為糖尿病的起因是患者的個性。糖尿病患者大多容易煩惱、焦慮。容易煩惱會使人無法盡情做自己、無法盡情燃燒內在的熱情。熱情積累在心裡，顯現為身體的狀態，就是血糖積累在血管中，這才是糖尿病真正的病因。

若想治癒糖尿病，患者就必須覺知自己在煩惱時，頭腦中的「受害者意識」，經由覺知與接納，逐漸消融掉「受害者意識」。一旦沒了「受害者意識」，煩惱就能大幅減少，糖尿病也就漸漸改善了。

但若想更快治癒糖尿病，還需改變患者的慣性對應模式，也就是改變患者未必有自覺的慣性煩惱。要改變煩惱的慣性思維，患者就必須開啟遊戲心，不要把生活想得太嚴肅，而是順應衝動，想做什麼就盡量做什麼，想玩什麼就盡情玩什麼，燃燒熱情就是燃燒血糖，只要心靈的快樂顯現到身體上，居高不下的血糖就會下降，且變得穩定，糖尿病自然就不藥而癒了。

61 不當受害者，你就不會得癌症

癌症又稱「惡性腫瘤」。正常細胞若突變為癌細胞，癌細胞再持續增生，就會成為器官中的惡性腫瘤。至於細胞為何突變為癌細胞，根據醫學的說法，可能因為食物、香菸、檳榔、紫外線或基因等，但醫學無法解釋為什麼飲食習慣相同，或有同樣基因的兩個人，一個會得癌症，另一個卻安然無恙？

身心靈醫學則認為，癌症不是肇因於外物，而是因為人的「個性」。癌症患者幾乎都有強烈的「受害者意識」，他們的慣性對應模式都是「苦悶」。有些人長期處在苦悶的環境中，或即使環境改變，他們卻依然長年存在「受害者意識」以及「苦悶感」。經年累月之後，心靈的苦悶即顯現為身體的癌症，這才是癌症真正的病因。

外在因素的確可能致癌，但多半是「促成因素」，而非「決定因素」，真正令人罹癌的「決定因素」是「個性」。這也是醫學說某些患者的肺癌是抽菸造成的，但即使患者馬上戒菸，肺癌仍不見得痊癒的原因。

人體幾乎每個器官都有癌變的可能，而癌症會出現在不同的器官，是因為患者處理苦悶情緒的慣性模式各不相同，不同的慣性模式就會顯現為不同器官的癌症。

肺癌患者的慣性模式是「苦悶，卻說不出口」，乳癌患者是「苦悶，卻仍須與人繼續對抗」，肝癌患者是「苦悶，但為了責任感，必須撐下去」，大腸癌患者是「苦悶，並將苦悶往肚裡吞」，胰臟癌患者是「苦悶，卻委曲求全」，卵巢癌患者則是「苦悶，且忍受著失去愛情的痛苦」。

若想治癒癌症，個案患者就必須覺知、接納及消融「受害者意識」，苦悶的感覺就會隨之減少，若能再找人吐吐苦水，理理心中的思緒，苦悶就會逐漸消融，處理苦悶的模式淡化了，癌症也就不藥而癒了。

若要讓癌症更快治癒，患者就要學習改變對於「受害者意識」的慣性對應模式。不論哪一種癌症，患者改變慣性對應模式的方法就是：放下癌症，全心追求讓自己快樂的夢想。

只要心靈快樂，癌症一定會加速療癒。

如同我在心靈團體見到多位學員，罹癌後全心投入心靈成長，並因此感到歡喜。因為他們的心靈苦悶漸減，歡喜漸增，癌症便逐漸在快樂中療癒了。

62 不當受害者，你就不會得心臟病和肺病

心臟病中最致命的就是「心肌梗塞」。心臟的血液與養分由三條冠狀動脈供應，冠狀動脈若因粥狀硬化而狹窄，就可能導致心臟供血不足。冠狀動脈若完全阻塞，心臟就會因得不到血液與養分，而導致急性心肌梗塞。

醫學認為心肌梗塞最可能的原因是高膽固醇血症，不過直到目前，醫學仍無法解釋血液中的膽固醇濃度與冠狀動脈阻塞的確切關係。

身心靈醫學則認為心臟病的原因是：患者認為愛的表達是可恥的、可能被拒絕的、不符合男性形象的，表達愛是可能會「受害」。為了避免「受害」，他們與所愛之人相處時，慣性對應模式就是：不把愛說出口，以免被笑、被拒絕，或被說「娘娘腔」。寧可多做少說，以行為表達心意，也不願說出心中的愛。

然而，他們內心仍渴望愛的交流、愛的溫暖、愛的滿足。當愛無法流動時，就會憋悶在心裡。阻滯的愛顯現在身體上，就可能形成冠狀動脈心臟病，這就是心肌梗塞的真正原因。

若想療癒心臟病，就必須讓患者覺知、接納及消融「受害者意識」，一旦沒有「受害者意識」，不再認為「愛的表達」是不安全或可能受害的，就能較自在地將愛說出來。

所以若想更快療癒心臟病，可以請患者練習改變慣性對應模式，比如鼓勵他去看愛情電影、唱唱情歌、養隻狗或貓，都能化解他對「表達愛」的畏懼，他也因此能較輕鬆地說出心中的愛。

根據統計，台灣每年因肺癌過世的人數已經超過肝癌，有學者認為肺癌已經取代過去的「國病」肝癌，成為現在的「新國病」了。

根據醫學的說法，肺癌源於抽菸、二手菸、煮飯的油煙、空氣汙染等。除了肺癌，較常見的肺病是「慢性阻塞性肺病」，此症是因為慢性呼吸道發炎造成呼吸道阻塞，並引起慢性咳嗽、痰多、呼吸困難等症狀。至於「慢性阻塞性肺病」的病因，醫學認為跟肺癌一樣，都是抽菸等因素造成的。

身心靈醫學認為肺病的真正原因是：患者認為表達情緒是不適宜或不妥當的，他們擔心說出內心的話，可能導致衝突、指責，或被說沒教養、沒知識，認為說話就可能「受害」，所以寧可謹言、沉默或只說別人想聽的話，不敢隨意以言語表達心事或情緒。

若想療癒肺病，就必須讓患者覺知、接納及消融「受害者意識」，一旦沒了「受害者意識」，患者就不再認為「說出心事」或「表達情緒」會讓自己受傷，也就能自在地說出心裡話。

若想更快療癒肺病，還必須改變患者的慣性對應模式，可以鼓勵他進行心理諮商或陪談，引導他暢所欲言，或鼓勵他多唱唱歌，藉由歌曲抒發心中的情緒。當他可以自然說出心思、表達情緒時，肺病或許就不藥而癒了。

63 不當受害者，你就不會得肝病和腎臟病

肝臟常見的疾病是肝炎、肝硬化及肝癌。多數慢性肝炎都是B型肝炎與C型肝炎，少部分為酒精性肝炎。慢性肝炎若是反覆發作，就可能演變成肝硬化或肝癌。

醫學認為肝癌多肇因於B型與C型肝炎，卻無法解釋人為什麼會罹患肝炎。

身心靈醫學則認為，肝病患者大多非常在意他人的眼光與評價，只要覺得別人看不起自己，就會產生「受害者意識」。他們的慣性對應模式大多是：努力拚出成功的事業或功勳，以得到他人的肯定與嘉許。

你可能覺得這種人太愛面子，但他們卻認為自己很有責任感，認定只有努力工作才對得起自己，才能給家人或老闆交代。

一個對工作負責的人若是基於興趣，那麼認真工作就會讓他有成就感、滿足感，他也會因工作而快樂健康。但多數肝病患者都感覺工作索然無味，只是因為責任在身，必須努力工作，因此覺得人生很枯燥。枯燥的感覺顯現在身體上，就可能形成肝病，這就是肝病的真正原因。

若想療癒肝病，就必須讓患者覺知、接納及消融「受害者意識」，一旦沒有「受害者意識」，就不會用別人的眼光來評價自己、不會為了滿足別人而努力，如此一來，也不會為了給別人交代而活得無味了。當內心不再枯燥乏味時，肝病也就不藥而癒了。

肝病患者若想更快被治癒，可以練習改變慣性對應模式，比如以遊戲心來生活，不要總是嚴肅對待工作。只要開啟遊戲心，就能創造生活的精采快樂，肝病也就好得更快了。

常見的腎臟疾病包括腎盂腎炎、腎結石等等，其中最令人聞之色變的就是腎衰竭，可能必須洗腎。所謂的「洗腎」即是「血液透析」，也就是以機器清除血液中的有毒物質。

根據醫學的說法，糖尿病、高血壓、慢性腎盂腎炎，或服用止痛藥、抗生素、某些成分不明的中草藥，都可能導致腎衰竭。但醫學無法解釋糖尿病、慢性病或止痛藥等藥物會導致哪些人腎衰竭。

身心靈醫學則認為，腎臟病患者在看待人與事時，往往充滿恐懼，擔心他人或外境會傷害自己，常常有被威脅的「受害」感覺。有些患者的慣性對應模式是：努力擺平外境的人與事，讓自己安心。有些患者則會逃避外境的人與事，以免自己受傷。

不論哪種慣性對應模式，患者皆有長期的恐懼或煩憂之心，這些情緒顯現於身體時，就會形成腎臟病，這就是腎臟病的真正原因。

若想治好腎臟病，就必須讓患者覺知、接納及消融「受害者意識」，一旦沒有「受害者意識」，恐懼或煩憂就會減少，腎臟病也就不藥而癒了。

腎臟病患者若想更快被治癒，可以多上心靈課程，改變對世界的想法，建立對人與事的信任感。當患者能信任這個世界時，腎臟也就隨之健康了。

第5章

安頓你的心

64 安心為療癒之本

我曾跟幾位醫師朋友聊起近年來發展迅速的ＡＩ人工智慧（Artificial Intelligence），有位醫師苦笑說：「只怕將來有一大半醫師要失業了，就算沒失業，也可能門可羅雀。ＡＩ與大數據結合後，病人有什麼症狀，只要問一下電腦，該吃什麼藥、做什麼檢查、檢查後做什麼治療，電腦分析得比醫生還仔細。至於開刀，將來可能也是機器人當家，因為機器人能比人還精細，說不定醫生還會淪為機器人的助手。」

言之有理，我行醫數十年，也常揣想以現在疾病的醫學診斷與治療ＳＯＰ之明確，將來病人有什麼小症狀，說不定只要到超商將症狀輸入電腦，該用什麼藥、後續該看哪一科、做什麼檢查等資料，就馬上顯示在電腦上，民眾只要取藥結帳即可，至於需到醫院治療的疾病，或許真正看診治療的名醫與神醫，還真的全都是ＡＩ人工智慧了。

但這真的會成為未來醫療的走向嗎？理論上似乎可以，現實上卻未必符合人性，電腦雖能診斷與治療疾病，民眾卻未必能在看完螢幕上的指示後，就完全安心。比起電腦，醫生顯然更能讓病患在無助時感到安心。

曾有多位患者在看診後說：「醫師，聽你這麼說，我就安心了！」即使我說的話電腦上也查得到，或護理師早就跟患者說過，但患者聽醫生再說一次，會更為安心，不再對疾病或症狀惶惶不安。

還有人在體檢之後，看到報告上的一些小異常，比如腎臟有腎砂、肝臟有水泡，即使這類狀況只需後續追蹤，體檢醫師也說不用特別治療，患者還是會找自己信任的醫生，聽醫生再說一次「這種狀況不需要特別治療，後續追蹤就好」，才會感覺安心。

醫生能給患者的「安心」，絕非電腦或機器人能輕易取代。許多人在身體有症狀或疾病時求醫，除了尋求治療外，也在尋求這樣的安心。

人在生病時，心若能安定下來，能量便是穩定的，那麼不論他選擇的是西醫、中醫或身心靈治療，都能一切順遂。若是內心徬徨、焦慮、不安，負面能量就會干擾治療，效果也會打折，因此，只要醫生能讓病人安心，即使用的是同樣的藥，都能有更好的效果。

不過，「心」並不見得要由醫生來安，許多心靈成長的學員，學的就是自我的安心之道，也就是靠自己來安自己的心。

醫療隨著時代不斷演進，或許有一天，AI真能成為醫療的主流，但無論醫學如何變革，想要順利療癒疾病，「安心」都是必要的。所以當你生病時，不管有沒有醫生安你的心，只要你學會安自己的心，再佐以治療，定能迅速有效地恢復健康。

65 與汝把心來安

禪宗二祖慧可因心有困惑，到少林寺求教於達摩，當時達摩正在面壁，慧可於是站在雪中等候，直到雪積到慧可腰上時，達摩才出定，轉頭問慧可：「你要求什麼？」慧可說：「求法。」達摩立刻罵了慧可一頓。

為了表達求法的決心，慧可自斷一臂。達摩看慧可求法之心殷切，再問他：「你要求什麼法？」慧可說：「我的心無法安寧，請達摩祖師為我安心。」達摩聞言，對慧可說：「好啊，把你的心拿出來，我幫你安一安！」

慧可說：「可是我的心已經不見了，找不著了。」達摩回他：「那麼，我已經幫你安完心了。」

慧可瞬間頓悟，原來心的散逸與安頓只在一念之間。

在醫療院所中，有些人期盼的並不是治療，而是安心。我就看過有些人整天坐在候診室，他們不是要看病，而是因為坐在候診室，只要身體有所不適，就可以馬上看醫師。這樣的人對身體極度不安，唯有坐在醫療院所，有醫生在身邊，才能安心。

可惜人的不安不止因為身體，有人內心總有莫名的不安，必須身邊有伴，才能減少不安，比如曾有位女性朋友跟我說：「每次我老公出差，一晚不在家，我就一晚沒睡，兩晚不在家，我就兩晚沒睡，三晚不在家，我就情緒大崩潰。」

我不解：「為什麼妳老公不在家，妳就睡不著？」她說：「我也不知道為什麼，只有我跟孩子在家時，一到夜深人靜，孩子們都入睡之後，我整個人就會湧起一股深深的不安，總覺得家裡好像會有小偷入侵，就會心跳加速，神經緊繃，整晚惶惶不安，難以入眠。」

個案敏慈的先生對她說話一向很粗暴，也從來不幫忙做家事，敏慈一直以為如果沒有先生，人生會過得更好。

後來先生不幸大中風，導致全身癱瘓，敏慈無法照顧他，只好將他送到安養院。誰知從先生被送走那天開始，敏慈幾乎天天夜不能成眠，因為先生不在家，家裡空蕩蕩的，讓她很不安，於是一週後，敏慈便將先生接回家照顧。

但照顧幾天後，敏慈苦不堪言，實在不知如何照顧先生。她已經六十多歲了，每一兩個小時就得幫先生翻身拍背一次，體力難以負荷，也不太會插鼻胃管，先生有時情緒躁動時，會拔掉鼻胃管，她也不知道怎麼插回去。先生中風後又失語，敏慈無法跟他溝通，於是照顧幾天後，又將他送回安養院。

可先生一回安養院，敏慈又剩一個人，再次陷入了極度不安，總想著萬一自己死在家裡，豈不是完全沒人知道？

可見「內心不安」並非慧可一人獨有，而是許多人共同的困擾，而且多數人不像慧可，只要達摩一句開示，就能瞬間頓悟，從此安心，更何況也不是人人都有機會求教於達摩。

所以學習、練習靜心與轉念非常重要，如此方能一步一步踏實地安住自己的心。心是可以經由學習而安頓的，只要你的心能安定下來，就不需要那麼依賴醫生、專家或家人來安你的心。有了一顆安定的心，你將安住在平安中，無驚無懼！

66 心的不安就這麼來了

記得電影《蝙蝠俠》上映那一年，新聞曾報導：國外某家電影院放映《蝙蝠俠》時，有個恐怖分子扮成小丑，持槍到電影院掃射，造成多人死傷。我本想去看這部電影，但這則新聞讓我有些許焦慮，但又想既然決定去看了，就安心去看，畢竟台灣不太可能有人持槍掃射電影院。

進入影廳不久後，電影院暗了下來。就在一片黑暗中，緊張焦慮瞬間湧上心頭，若真有恐怖分子持槍進來掃射怎麼辦？我連忙看了角落的逃生門，又摸摸自己的口袋，糟糕，都沒帶證件，萬一真的中槍，沒人知道我是誰怎麼辦？我的心跳不由得加快，雙手不自覺緊握座椅扶手，滿腦子想的都是「要不要直接回家，不要看了」，電影都開播半小時了，我仍心有餘悸。

即使我的頭腦很理性地說：「不可能，不可能，怎麼可能發生這種事？」我的心仍一再吶喊：「我好怕，我好怕，恐怖分子要來了！」我的不安來自於內在尚未處理的恐懼與焦慮。人難免會有緊張、焦慮、擔憂、恐懼等負面情緒，這些負面情緒若是消融不了，心就無法安定。

大多數人的負面能量不至於形成恐慌症或憂鬱症，也不會在飛機、高鐵、人群中或空曠無人處突然恐慌起來，但或多或少的恐慌、焦慮或憂鬱仍會發作，發作的時間大多在夜深人靜或獨處時，潛藏的情緒可能瞬間湧上來。

我的電影院經驗就是如此，當燈光暗下來時，我的緊張、焦慮、恐懼情緒也隨之爆發，這完全不是頭腦可以控制或壓抑的。

有人以為「轉移焦點」可以淡化情緒，但這樣的轉移往往只是壓抑，而非消融。個案文慧發現老公外遇後，真的很難受，老公要求離婚，兩人開始進行協商。那段期間她刻意用工作來轉移痛苦，成了每天都最早到公司、最晚離開公司的人，以為只要投入工作，就能忘記離婚的事。

每天在公司時，文慧都覺得自己調適好心情了，但回到家、料理完小孩的瑣事，回到臥室，想起多時未歸的老公，憤怒、焦慮、傷心的情緒便又湧上心頭。她想讓自己睡著，卻翻來覆去難以入眠。雖然她告訴自己：「該來的總是會來，離婚就離婚吧！反正離婚後過得好的人多的是，更何況他已經不愛我了，留住他又能怎樣？」但文慧的心還是無法平息。

當心靈不安時，即使頭腦很理性，不安的情緒仍會在獨處時湧上心頭。而心靈成長的學習就是要教人安心之道，讓人處在情緒的風暴中時，內心依然安定，直到雨過天晴，成為更喜悅、更自在的自己。

67 安頓你的能量

「你過來一下！」看似是一句非常普通的日常用語，但即使再平常，經由不同的人說出口，或同一個人對不同的人說話，感覺也會完全不同。

人的能量會蘊藏在他的話語中，比如主管對桀驁不馴的下屬說「你過來一下」，可能會用比較強硬的命令口氣，而跟信任的下屬說話，同樣一句「你過來一下」，口氣可能就較為平和。

因為說話者的語氣跟能量不同，聽話者感受到的敵意與善意也就天差地別。若下屬反彈，對主管說：「我覺得你對我特別不友善，每次聽到你那句『你過來一下』，我都覺得很不舒服。」

主管聞言可能會不知所以，還可能自認無辜地說：「這是我的習慣用語，我請人過來時，都是這麼說的，我對所有下屬一視同仁，沒有對誰特別不好，更何況我也沒對你另眼相看。我請那麼多人到我辦公室，從來沒人說我對他講話不友善，可見那是你的問題。我才要請你不要老是對我充滿敵意！」

人與人之間的衝突往往起於言語間的能量，能量會形成語氣。當一個人有強烈的受害者情結，因而充滿「攻擊」或「防禦」的能量時，不管說什麼話，都很容易讓人覺得不友善，他也可能因此不受歡迎，甚至被人排斥。

如果這人不知道是自己的信念與能量出問題，以為是自己說的話不討人喜歡，就可能在人際關係受挫時感到沮喪：「我都快不知道怎麼說話了，為什麼說話老是得罪別人？我明明沒那個意思，別人卻老是曲解我，乾脆都不要說話好了。」

說話讓人感覺善意或惡意，關鍵往往不在話語，而是表達話語的口氣與能量，假設某個女孩解不開數學題目，媽媽對她說：「這個妳不會嗎？」她可能覺得媽媽在斥責她，因而憤怒或難過；若男朋友對她說：「這個妳不會嗎？」她可能覺得男朋友在調笑，內心喜孜孜的；若一個和藹的老師對她說：「這個妳不會嗎？」她可能以為老師要教她更高明的解題方法，因而感覺溫暖。

俗話說「良言一句三冬暖，惡語傷人六月寒」，有意思的是，有些人即使嚴詞責人，仍讓人覺得他說的是警世良言，有些人雖是好言讚人，卻讓人覺得他說的是諷世惡言。若要讓自己說的話都成為暖心良言，就要安定自己的能量，能量安定了，說話的能量與口氣就有正面力量，就能成為讓人順耳窩心的好話。

68 靜下心來，看見你自己

身心靈整體健康三招分別是覺知、安心與創造，前文已談過第一招「覺知」，接著來談談第二招「安心」。

若想安心，也就是安頓內在能量，就必須學習、轉念及靜心。

「靜心」就是：在一個安靜的地方坐下來，沉澱思緒，並調整能量。

許多人賦予「靜心」很多宗教或傳統信仰的意涵，使得靜心充滿了神祕色彩，導致有人對靜心感到恐懼，然而靜心並不神祕，它只是觀心調息、安定心靈、調整安頓能量的方法。

你可以透過各種方法靜心，最簡單的就是「端坐靜心」。端坐靜心時，任何坐姿都可以，包括雙盤坐、單盤坐、坐在椅子上，靠背或不靠背皆可，就是以最輕鬆的姿勢坐下來。

多數人最輕鬆的坐姿是在坐墊（蒲團）上盤坐，雖說只要能靜心，坐在哪裡都可以，但建議不要在彈簧床或太高的軟墊上，因為彈簧床是軟的，坐久了容易腰痠，也就無法久坐。

最適合靜心之地是既安靜又能讓自己安心的房間。當你準備靜心時，請到安靜的房間，將坐墊鋪在地板上，輕鬆地入坐。靜坐的重點是「靜」，不是「坐」，所以不用執著於坐的地方或姿勢。

坐好之後，將身體坐正，兩眼微睜或閉上，下顎略收，舌尖微抵上顎，雙臂自然下垂，背部自然平直。這個姿勢能讓人在久坐時最輕鬆，不過，你也不需記得這個姿勢，因為靜坐時，你的身體可能自然而然就呈現這個姿勢了。

接著開始收攝心念，讓心靜下來。將注意力集中在呼吸，輕鬆地數自己的呼吸，從一數到十，再從一數到十，周而復始。你可以在呼氣或呼氣時計數。順著你的數息，你的心就會漸漸平靜下來，最後你會忘了呼吸，安住在靜心之中。

人的念頭川流不息，使得頭腦幾乎無法休息，這些念頭往往夾帶許多「受害者意識」，人也因此常在腦袋中攻擊、對抗、防禦某人或某事，使人神經緊繃，處在一種不自覺的「作戰」或「逃跑」狀態，久而久之，精神容易疲憊，身體也可能出狀況。

靜心就是要改變大腦的慣性，讓大腦不再想東想西，免去憤怒、憂鬱和焦慮。大腦就能安靜下來，得到適度休息，進而轉化出更輕鬆正面的思考習慣。

若無法輕鬆地數呼吸，也可以用些輔助方法，比如放一張能讓你心神安定的圖畫，或一尊能讓你心靈平安的塑像，也可以聽靜心引導或靜心音樂，讓心安頓下來。

一旦擾攘忙碌的大腦安靜下來，就彷彿從喧囂城市走進寂靜空山，你會發現蘊藏在紛擾大腦下，那個更深層、也更真實的自己。

69 靜心中的情緒現象

開始練習靜心時，許多人都會有莫名的焦慮或恐懼。人多半都有緊張、焦慮、擔憂、恐懼等負面情緒，它們會在夜深人靜或獨處時，沒來由地襲上人的心頭，人們只能被動接受這些情緒。

靜心則是要主動面對這些潛藏的負面情緒，大致說來，情緒會以三種狀態出現──

狀態一：靜心時，焦慮或恐懼直接從下腹往上湧，讓人坐立難安。若出現這種情況，不妨先起身散散步，平息一下焦慮。

下次再靜坐時，焦慮或恐懼可能還是會湧上來，但別擔心，情緒的強度會一次比一次小。

靜心時的焦慮是來自潛藏心中多時的焦慮，端坐靜心時，無瑣事攪擾，焦慮自然就宣洩出來了。靜心的目的之一就是宣洩、調整及轉化積存的負面情緒。消融掉積存的負面情緒，人的能量就可較為安定。

狀態二：負面情緒湧起時，腦中投射出相應的影像，比如恐懼萌生時，靜坐者可能會覺得身邊有神、有鬼、有蝙蝠，或有蜘蛛等等，因此惶恐不安，難以靜下來。

若有這樣的狀況，建議先不要靜坐，也不要勉強自己對抗恐懼，以及隨之而生的恐怖影像。

或許就是因為有人在靜坐時，曾因恐懼而投射恐怖影像，才會使人視靜坐為畏途，不過，只要知道恐怖影像的由來，再繼續練習，恐懼感就會隨著每一次的靜坐逐漸減少，能量也將愈來愈安定。

狀態三：腦中不斷浮現衝突、焦慮、擔憂或恐懼的畫面，比如你白天曾跟人發生衝突，或認為朋友欺負你，晚上靜坐時，衝突的畫面會在你腦中反覆出現，你也會在腦中不斷與朋友爭辯，因而氣憤難平。

若有這樣的狀況，你可以試著再聚焦在呼吸，不過，情緒難以平復時，頭腦還是會將你的焦點拉走。若頭腦的拉扯極為強烈，建議你先中止靜心，讓自己散散心。

以上情況都是在開始練習靜心時，可能遇到的關卡，如果你也遇到這些狀況，先別氣餒，也別把靜心看得太嚴肅，就當它是一個遊戲，然後繼續玩。當你持續練習後，你會發現自己的心慢慢定下來了，你的焦慮不再劇烈上湧，也不再因恐懼感而投射出可怕的影像，與他人衝突的畫面也不再浮現。

不過，若你有一段時間沒有靜心，那麼再次靜心時，這些情緒的流動可能又會發生，但沒關係，這表示你這段時間又累積了一些情緒，只要再靜心，讓情緒流動，心就可以安定下來了。

70 靜心療癒自律神經失調

所謂的「自律神經失調」就是常感到身體有某些不適，包括眼睛乾澀、口乾舌燥、耳鳴暈眩、頭痛、呼吸困難、心悸胸悶、容易冒汗、手抖、四肢發麻、手腳無力、胃脹氣、易打嗝、胃食道逆流、常拉肚子或便祕、頻尿、全身疲勞等等。若有以上症狀的其中幾個，血液檢驗及影像檢查又無明顯異常，醫學上可能就會做出「自律神經失調」的診斷。

醫生在治療「自律神經失調」時，一般只會針對症狀開藥，但患者服藥後，症狀往往難以全然解除，醫生可能會將患者轉介到精神科，改為長期使用抗焦慮藥物，但症狀通常還是無法明顯改善。

「自律神經」包含「交感神經」與「副交感神經」，人在面對壓力時，會自然啟動「交感神經」，使得心跳加速、血壓升高、呼吸變快，彷彿正處於作戰狀態；當人感覺環境安全時，他的「副交感神經」就會作用，心跳、血壓、呼吸也會變得平穩，身體較為舒適，也較容易入眠，也就是說，此人正處於休息狀態。

所以「自律神經失調」也可稱為「交感神經作用旺盛」。為什麼人的交感神經會如此旺盛呢？原因在於許多人的「受害者意識」過於強烈，常覺得自己被欺負，或感覺壓力過多過大，當人的頭腦抗拒壓力時，不論外境有沒有敵人，頭腦都會處在與敵人交戰的狀態。為了配合頭腦，身體就必須啟動交感神經，以便與敵人開戰。

腦中的敵人往往無法去除，交感神經也就必須持續作用，如此一來，人就可能「自律神經失調」，並苦於身體的各種症狀。

醫學上難以治療「自律神經失調」的原因，就在於藥物雖可緩解身體的症狀，卻無法去除腦中的敵人，而想去除腦中的敵人只有靠自己，所以真正能治好「自律神經失調」的醫生就是自己，而治療的妙方就是「靜心」。

當一個人進入靜心時，會放下腦中的敵人，進入全然的休息狀態，此時副交感神經的作用較為旺盛，眼淚與唾液分泌會增加，心跳與血壓穩定、腸胃功能順暢、手腳發麻等症狀改善，精神也會變好，可以說副交感神經作用時，身體即在全面療癒自己。

每個人都有自我療癒的能力，當你進入靜心時，你的身體就在自我療癒。自癒力不只可以治療自律神經失調，甚至可以療癒百病。若在靜心之外，還能學習、覺知及轉變心念，療癒的效果會更快更好，人也會處在最佳健康狀態。

71 靜心，只是一種遊戲

「我快放棄靜坐了，我根本沒有靜坐的資質，每次我一坐下來，雜念就不斷冒出來，我覺得我不是在靜坐，只是坐下來胡思亂想罷了。」一位學員這麼告訴我。

我想他是把靜坐想得太嚴肅了，靜坐只是一種遊戲，就跟跑步一樣，有人可以馬拉松長跑，有人跑個兩三百公尺就得緩下來走路，但沒人會說只跑兩三百公尺的人「不會跑步」。

跑步要跑多遠、多久才算正確或成功，沒有一定的標準，因為跑步只是一種好玩的遊戲，玩得開心就好。靜心也是好玩的遊戲，既然是遊戲，就不用給自己壓力，也不必氣餒，玩得開心就好。

當一個人靜心到極深的入定時，會進入全然的空無之境，然後完全地忘我，有些人就是以這個標準來評斷靜心的成效。

但其實靜心時，能全然進入空無之境的人少之又少，多數人在靜心時都會有雜念，這幾乎是大腦的正常現象。

為什麼人在靜心時會有雜念呢？想像頭腦是一台電視機，電視機有多重頻道。當一個人開始靜心時，他就像關上了「物質世界」這個頻道。剛關上頻道時，頭腦確實會進入空無的狀態，有些人還會在此時看見眼前有光。

但多數人的空無狀態不會持續太久，因為頭腦很快就會轉換頻道，從「外在的物質世界頻道」轉換成「內在的精神世界頻道」，還會自然地浮現畫面，可能是靜心者在意的事件畫面，不見得是最近發生的事，也可能是發生已久，卻被掩蓋、隱藏或忘記的事。這些畫面就是所謂的「雜念」。

除了生活中實際發生過的事之外，若你靜心時，能量是喜悅的，頭腦還可能創造出讓你歡喜的畫面，若是你焦慮痛苦，頭腦也可能創造出讓你煩憂的畫面。這就是有人在靜心時，會看見神、佛、菩薩，或到過天堂的原因。

經由一次又一次的靜心，生活中的事件會漸漸不再浮現，能量也會日趨穩定，此時你可能會深入潛意識，連結上前世或來生，或連結到現實中不曾出現，但在另一個層面出現的「可能的自己」的畫面。

當一個人靜心時，「大腦電視機」會不斷轉台，浮現各種畫面，才會讓人覺得自己在靜心時，進不了全然的空無。

雜念幾乎都是自然而然出現的，當你發現雜念或影像又出現時，完全無需懊惱，只要提醒自己別被雜念拉著走，並再次將焦點拉回呼吸，便又回到靜心狀態了。

請放心，即使腦中有雜念，你還是處在副交感神經作用的休息狀態，你的身體是放鬆的，並且依然朝健康邁進。

72 別再自己嚇自己了！

「天啊！值班室牆上有一隻壁虎！」一位女同事嚇得尖叫。

男同事們頭也沒抬，邊繼續敲著鍵盤：「壁虎？壁虎怎麼了嗎？幹嘛大驚小怪？」

女同事餘悸猶存：「我最討厭壁虎了，壁虎比蟑螂還噁心。如果沒除掉那隻壁虎，我晚上不敢睡值班室啦。想到半夜那隻壁虎可能會爬到我床上，甚至我身上，我就連值班室都不敢進了！」

聽她這麼說，終於有個暖男同事站起來，說：「好啦好啦！看在我們平常交情還不錯，我去幫你抓壁虎啦！」

壁虎風波這才告一段落。

對女同事來說，壁虎確實很噁心，但真正噁心的不是牆上那隻壁虎，而是爬在她心裡的壁虎。如同女同事對壁虎有可怕的聯想，我也看過許多患者對疾病有負面聯想，並因此心生恐懼。

以下這些話都是我多次聽患者提起的：

「我聽癌友說，癌症化療很恐怖，化療後會一直吐，還會掉頭髮。只要想到化療的副作用，我就很擔心自己到時候會生不如死。」

「明天又要回診了，自從得了癌症後，每次回診前，想到要看抽血及電腦斷層檢查報告，就緊張到一、兩個禮拜睡不著，很怕病情又有變化。」

「我下週要去開白內障，我鄰居張伯伯之前開完白內障就失明了。我好怕動完手術後，我的眼睛就瞎了。」

「每次做完體檢，我都很擔心胸部X光會發現肺癌，抽血檢查會出現血糖或膽固醇過高，所以體檢完等報告的那兩、三週，我幾乎夜夜失眠。」

這些患者對疾病有很多想像，想像造成了焦慮、緊張與恐懼，還可能引起身體的症狀。無論你有多擔心疾病，都不可能立即將之趕出體外，所以也只能擔心而已。

但擔心往往會形成負面聯想，負面聯想會引起負面情緒，導致身體不適。當身體生病時，負面聯想與負面情緒會造成身體的壓力，還可能使病況更嚴重。

生病難免令人擔心，但過度擔心卻可能造成身體的傷害。因此，若不想讓自己過度擔心，就不要自己嚇自己，你可以在擔心時告訴自己：「反正擔心也不能做什麼，不如今天先放輕鬆，明天再擔心。」

只要這麼告訴自己，頭腦或許就能暫時休息一下，心也就能稍微安下來了。

73 你信任這個世界嗎？

某天，一位患者拿著手術通知書，憂心忡忡地問我：「王醫師，我下週要進行頸椎手術，我真的好擔心。

「有則新聞說，一個年輕人去開刀治療手汗症，結果打完麻醉藥就休克了。我看了好害怕，擔心自己麻醉後，就再也醒不過來了。」

我說：「打了麻醉藥會休克，是過敏反應造成的，但這種過敏反應不常發生。醫生在麻醉前會先詢問你過敏史，也會幫你留意是否可能過敏。若你有過敏之虞，醫生會先幫你做過敏測試的。」

他想了想，說：「聽你這麼說，我稍微安心了點，那我再跟醫生討論一下。不過，比起麻醉，我更擔心手術。

「我聽說醫院有時會讓實習醫師練刀，我很害怕。前幾次門診時，我再三拜託主治醫師一定要親自執刀，他也一再答應我，請我放心。

「雖然他這麼說，但我還是很不安，他會不會只是手術前來露露臉，跟我打個招呼，等我一被麻醉，就把我交給實習醫師，讓實習醫師練刀？」

我說：「頸椎手術是很精細的手術，主治醫師當然會親自執刀，更何況他已經親口答應你了，又怎會失信於你？你如果這麼不信任他，怎能放心上手術台呢？」

患者離去時，我看得出他的眼神仍充滿懷疑與擔憂。

有位年輕女孩說她想交男朋友，上個月旅遊時，她認識了一位大她兩歲的男孩，她想約男孩出來，看看有沒有機會發展成男女朋友。

朋友們都鼓勵她，於是她鼓起勇氣傳LINE約男孩看電影。幾天後，朋友問她結果如何，她說：「我們去看過電影了，但我不知道該不該跟他繼續發展？」

朋友問她為什麼，她說：「我問他下次還能不能約他出來？他說只要我休假，他一定馬上過來陪我。我心想這還得了，如果他隨時可以過來陪我，代表他根本沒工作。我一個月才賺兩萬多，哪有辦法養一個失業的男友？」

我那位門診患者與這女孩的懷疑與擔憂不見得完全是杞人憂天，但對人對事的極度不信任，顯然讓門診患者惶惶不安，也讓女孩難以再發展愛情。

我想問你，即使這個世界有可能讓你受傷，你依然信任這個世界嗎？抑或你總是小心翼翼地提防這個世界？

俗話說「害人之心不可有，防人之心不可無」，但對許多人來說，不只有防人之心，甚至已經過度防衛，深恐一不小心就為人所害。當你不信任這世界時，你會覺得自己隨時可能被這世界所害，你的心就難以平安了。

若想讓自己心安平安，請學習相信這個世界。有意思的是，當你不信任這世界時，你會發現這世界處處充滿詭譎詐騙，但若你真心相信這個世界，你也會看到這個世界處處充滿溫暖良善，心的平安也就油然而生了。

第6章

在成就感中快樂而健康

74 進行一場「觀念革命」

有位得了腦瘤的女性第一次來上心靈課程時說：「我上個月被診斷出腦瘤，醫生說目前不適合手術。我聽說有人得了癌症後，經過心靈成長，癌症完全被療癒。為了治療腦瘤，除了醫院的治療外，我還想積極參加心靈課程，看有沒有機會治好癌症。可是，醫生，這是真的嗎？腦瘤真的可以被療癒嗎？」

我說：「只要妳願意改變自己，讓自己輕鬆快樂，腦瘤當然可能被療癒。」

她點點頭，又說：「我從小就是很會胡思亂想、很容易煩惱的人，三個多月前我到新公司上班，只要老闆或同事告訴我哪裡做得不好、哪裡需要改進，我就很緊張，也很煩惱。我擔心自己表現太差，被老闆、同事討厭，或被公司開除。

「上個月我發現別人跟我說話時，我的左耳竟然聽不到聲音，就到醫院檢查，才發現罹患了腦瘤。醫生，我想問您，腦瘤真的可以被療癒嗎？」

我再次告訴她：「只要妳用心學習，讓心靈輕鬆快樂，腦瘤就可能被療癒。」

她想了想，說：「可是我在醫院治療時，醫師跟我討論過手術及藥物治療，他沒說過腦瘤可以痊癒，我一直以為腦瘤無法治癒，治療只是在控制不讓它惡化而已。但我聽心靈團體說，癌症是可以療癒的。所以，我想請問您，腦瘤真的可以被療癒嗎？」

我第三次告訴她腦瘤可以被療癒：「如果妳想讓腦瘤好得更快，就一定要堅信腦瘤是可以被療癒的，因為『堅信』就是在催眠細胞，經由催眠，細胞會更快邁向健康。如果想讓自己堅信腦瘤可以被療癒，就一定要多讀心靈書、多聽心靈講座，而且讀過的書要反覆讀、聽過的講座要反覆聽，才能破除『腦瘤無法被療癒』的舊觀念，轉而相信『腦瘤一定可以被療癒』的新觀念。」

這是一場「觀念革命」，只要「觀念革命」成功，她定能成為全新的自己。

關於健康與疾病，每個人都有許多觀念，有些觀念會在無形中削弱人的力量，比如「高血壓、糖尿病與癌症都來自遺傳」、「癌症是一種絕症」、「人隨著年紀愈大、視力、聽力、體力與健康就會愈衰退」、「慢性病只能控制，不可能療癒」等等，當人們相信這些觀念時，觀念就在對細胞進行暗示與催眠，細胞就會朝著與觀念相符的方向改變，人們便會對身體感到無力，也會發現隨著年紀愈大，身體愈來愈衰老，也愈容易生病。

然而，這些觀念既不是與生俱來的，也不是顛撲不破的真理，而是人們從小接受的觀念，因為反覆聽聞，潛移默化，就根深柢固地相信了。

若想療癒疾病、邁向健康，就必須破除這些不利於健康的觀念。不論多麼根深柢固的觀念，只要不斷對自己進行「觀念革命」，舊的觀念一定會破除，新的觀念也會建立，並漸漸根深柢固。

所以建議大家多讀心靈書，多聽心靈講座，久而久之，你一定會相信「身體是心靈的一面鏡子」、「身體有自我療癒的能力」、「疾病是邁向健康的過程」。當你全然相信這些新觀念時，你對健康就會有更堅定的信心，你的細胞也會接受暗示，你的身體也就愈來愈健康了。

75 跟過去的自己說再見

建宏是公務員中階主管，當年考公職乃是拜岳母所賜，但直到今天，每次想起岳母，建宏還是有股說不出的憤怒。

他跟女友小怡是大學學長與學妹，大四時跟小怡談戀愛。在一起三個月後，小怡帶建宏去她家，建宏因此認識了未來的岳母。

大學畢業，服完兵役後，建宏在私人公司當了三年業務。當時他跟岳母提親，以為這麼多年來，岳母應該已經認定他是女婿，會點頭同意，沒想到岳母竟冷冷地說：「你想結婚？你憑什麼娶我女兒？好歹你也考個公職，再來談結婚吧！」

原來是岳母有位姓張的同事，他兒子是個醫生，兩個月前，張先生說想幫兒子跟小怡做媒，要小怡嫁給他兒子。岳母問小怡願不願意，小怡說：「我跟建宏交往多年，感情很穩定了，不想再認識別的男生。」岳母只好拒絕張先生。

岳母無奈地說：「我是覺得有點可惜啦，但我女兒那麼喜歡你，我也沒辦法。不過，你至少考個公職，讓我女兒未來有保障，再來娶她吧！」

看到岳母那副勢利的嘴臉，建宏非常受傷，但岳母愈是瞧不起他，他就愈想證明自己的能力，於是發誓要考上公職，讓岳母無話可說。

接下來的半年，建宏到補習班補習，每天拚命讀書，除了偶爾跟女友或家人通電話、勞累時睡覺外，完全沒跟任何人講話，整天埋首於書堆中。後來真的順利考上公職，還分發到很想要的職缺。

考上公職隔年，建宏就跟小怡結婚了。轉眼過了十多年，建宏已升到中階主管，但只要想起岳母當年瞧不起他的眼神、鄙夷他的話語，依然心有餘怒。每次跟老婆回娘家，看到岳母時，雖然都會微笑問好，但對她的厭惡卻從不曾消滅。

十幾年來，建宏常跟人談起這段往事，視其為生平一大恨事。雖說人會心疼受傷時的自己，為曾被欺負的自己感到憤恨，但像建宏這樣十多年來都陷在

「受害者意識」中，反覆被岳母當年的話折磨，那他內心就永遠有股莫名的鬱悶或憤怒。

後來建宏到心靈團體學習，一年後的某一天，他告訴我：「說也奇怪，我前幾天在讀心靈書籍時，心裡忽然浮現了一段話：『不管別人說了什麼，當年的你，就是最好的你，你已經表現出了最好的自己。』就在那一瞬間，我對岳母的心結竟消失無蹤。我感覺自己彷彿跟過去說了再見，困擾我十幾年的包袱霎時放下了。從那天起，我不再不自覺想起岳母當年的話，就算刻意去想，也不再有憤怒的情緒了。」

跟過去說了再見，建宏就不再是過去事件的「受害者」了。

你還被過去的事件困擾嗎？過去經歷過的某些事，會不時從你腦中蹦出來，讓你感到委屈、憤怒、焦慮、憂鬱嗎？如果是，請你也來學習身心靈觀念，以及覺知自己。透過學習與覺知，或許一直困擾你的過去，會從你的記憶中消失，你就能跟它說再見，然後活出全新的自己，擁有更快樂的人生。

76 以「體驗」與「遊戲」的心迎接未來

三十歲的承恩退伍後，在超商做了三年多大夜班工作，也做得很習慣。但爸媽常唸他：「超商的工作不是專業工作，取代性很高，既不能升遷，也沒有前景，而且大夜班的工作很耗精神跟體力，你能做到幾歲啊？

「我們辛辛苦苦栽培你到大學畢業，就是希望你學有所長，能找到專業的工作，如果你對大學主修的科目興趣不大，那就趕快培養第二專長，從事比較沒有取代性、收入比較高的專業工作啊。」

爸媽還常問他：「你現在每個月存多少錢？存款有多少了？」爸爸說他二十七歲娶了媽媽後，就馬上買了房子，還問他想要幾歲買房子？

承恩也知道超商工作較沒前景，但目前的工作他做得很上手，收入也夠他開銷，他還挺習慣現在的生活。他當然也希望能找到更專業、更高薪的工作，但面試了幾家公司都沒下文。

他對未來原本就有點焦慮，被爸媽唸了之後更是焦慮：「或許我現在的工作沒什麼前途，但一時之間我也沒辦法換到更高薪的工作。我不知道我的未來會怎樣，只要想到未來，就不由自主地焦慮起來。」

許多人都跟承恩一樣，會對未來感到焦慮，彷彿未來是「加害者」，自己則是「受害者」，一想到前途未卜、錢途無亮，或沒有可以互相照顧的伴侶，就忍不住擔心起來。

擔心未來也算是一種「負面的力量」，它能促使人去突破現狀，朝自己認為更理想的未來前進，但如果現在並不打算改變什麼，只是在腦中「窮擔心」未來，那就會形成現在的壓力。

人們對於未來的擔心形形色色，比如：

「我兒子功課非常差，每天都不想讀書，只想玩電腦，真擔心他考不上像樣的高中和大學，未來連自己都養不活，還得依靠我。」

「我已經三十歲了，交往過三個男朋友，都不到半年就分了。眼看自己年紀愈來愈大，能找的對象愈來愈少，我很擔心將來老了，沒人照顧我。」

「我是家裡的獨生女，爸媽說他們將來老了不去安養院，因為去安養院有種被遺棄的感覺，希望年老之後跟我住在一起，由我照顧他們。聽他們這麼說，我都不敢交男朋友，因為我不知道有沒有男人願意跟我一起照顧我爸媽？」

「公司最近似乎面臨經營危機，我已經五十歲了，如果公司倒了，我不知道將來怎麼辦？」

如果你也感受到未來的威脅，彷彿自己是未來的「受害者」，那麼不妨放下對未來的焦慮，以「體驗」與「遊戲」的心迎接未來。

你可以告訴自己，不論未來以什麼樣貌到來，你都會以「遊戲心」好好體驗它。這麼一來，你對未來的焦慮就會減少，也會因此安下心來，活在當下，或許還能在安心中創造更理想的未來呢！

77 你真的想要改變嗎？

很多來到心靈團體的學員都是因為遭遇某些問題，例如健康問題、婚姻問題、親子問題、事業問題等，他們期盼透過心靈成長來解決問題，讓生活過得更順利、更快樂、更健康。

想要改變自己，就必須有個改變後的願景，就像出航遠行必須有個目標，否則船將迷失在大海中，不知航向何方。但我卻發現有個現象，那就是：深受某個問題所苦的人想解決問題，應該以更好的境況為目標，但他們卻未必相信有更好的境況存在。

好比某些罹癌的學員來上課，是因為聽說有人透過心靈成長療癒了癌症，他們也希望自己在心靈成長後能治癒癌症。但在課堂上聽到癌友分享自己治好癌症的親身經歷時，又會疑惑地問：「他們說的是真的嗎？癌症真的可以治好嗎？如果這套方法有效，醫院為什麼不採用？」「那些人該不會是被誤診的吧？說不定他們根本沒有癌症，所以不論有沒有心靈成長，他們身上都不會有癌細胞」「該不會這些癌友的分享都是騙局吧？搞不好他們只是在編故事，騙我們來上課的。」

對於這些心存懷疑的學員，我們會花更多功夫讓他們「相信」癌症可以被療癒。因為「相信」，尤其是「堅定的相信」，即是改變的基礎，一個人唯有「堅定地相信」美好境況存在，才能穩定地朝改變境況前進。如果打從內心不相信美好境況存在，學習就會充滿懷疑，改變也將難以踏實。

還有人雖然相信美好境況存在，卻又不認為自己可以改變，這樣的人會有各式各樣的推託之詞。比如：「我相信心靈成長可以療癒癌症，但我沒那麼好命，可以全心轉化心靈。我看來上課的學員幾乎都是女性，她們八成都有老公養，經濟無虞，才能優哉游哉地來上心靈課程。像我這種男人，全家開銷都靠我一個人，每天工作賺錢都來不及了，哪有時間搞什麼心靈成長？哪天要是得了癌症，大概只有死路一條了。」

這位學員還沒開始學習，就已經劃地自限了。一個人若是決心成長，改變自己，一定會排除萬難，讓自己轉變，但一個人若是認為自己「不可能」轉變，那他離成長與改變就非常遙遠了。

「我得了癌症，想更快更深地轉變自己。如果我能吸收所有的身心靈知識，應該可以療癒得更快，但身心靈的書很多，有些書讀起來還有點難，我從小就不是讀書的料，所以我可能很難療癒了。」

這位學員把心靈成長想得太難，因而將目標推得很遠，身心靈知識雖然很多，但基本原則並不難，只要從基本原則下功夫，踏實地改變自己，就可以療癒身體，不需學富五車。

如果你真心想改變自己，就一定要堅信美好的目標存在，並且下定決心，踏實地朝目標前進，假以時日，定能創造出更美好的境況。

78 聽到成功者，你的感受是什麼？

許多遭遇挫折的人來到心靈團體，都希望能扭轉心靈，改變人生，創造更好的境況。而一個想創造更好境況的人，理應會以已經創造出理想境況的人，亦即「成功者」為標竿。

然而當「成功者」真的出現在「挫敗者」面前，「挫敗者」都會以「成功者」為榜樣，學習「成功者」，並努力邁向成功嗎？不一定。

比如學員正雄的小孩老是上網、玩手遊、不愛讀書，他一要求小孩讀書，小孩就會不耐煩地頂嘴。

正雄曾聽朋友談起自己的小孩：「我兒子非常乖巧，從小要他幫忙洗碗、晾衣服，他都會開心地幫忙。讀書也不用我費心，從國小到高中，他都主動讀書，保持校排前三名。」

眾人一聽都誇讚不已：「哇！怎麼這麼乖？你是怎麼栽培孩子的？」朋友說：「我也說不上來，只能說我兒子有那個資質，也愛讀書，我只是依照他的天賦，買他愛看的書，送他到風評很好的補習班，他就考出了不錯的成績。希望他將來能如願考上台大，如果他還想讀碩博士，或出國進修，我也會全力栽培他。」

正雄愈聽愈不是滋味，酸溜溜地說：「我也不是嫉妒他兒子優秀，只是覺得他講話很臭屁，擺明了是在炫耀。我才不信世上有愛讀書的小孩，如果不是被逼，哪個小孩會讀書？說什麼孩子主動讀書，我看根本就是被他硬逼出來的。我聽說有些小孩被家長逼著考上好大學，結果上大學後沒有家長逼，就再也不讀書了，還有人因此被退學。他兒子到底是不是被逼出來的，還是等上了大學再說吧！」

正雄這番話道出了他不信有人能創造「成功」，當朋友談起孩子「成功的境況」時，他便否定、詛咒、看衰對方，認為對方虛偽假掰，內心還萌生酸意，幾乎否認了「成功」的正雄，又怎麼可能創造「成功」？

婚姻或伴侶出現狀況的人，聽到別人談起幸福的婚姻：「這輩子能遇到我老公，我真的覺得好幸福喔。他賺的錢或許不是很多，但對我非常體貼，只要是我想做的事，他都會支持我。結婚二十多年來，他時時刻刻都把『我愛妳』掛在嘴上，而且不只是說，他還很願意滿足我所有的夢想。」

婚姻不幸的人聽到這種分享，難免會心生酸意：「我聽不下去了，真是太假掰了。」「誰的婚姻沒問題？聽她在扯，她只是蒙起眼睛，不看婚姻中的問題，只說好的那一面罷了。」「我看她是用炫耀幸福，掩飾婚姻中的問題吧？就算現在沒問題，也不代表以後沒問題，咱們等著瞧吧！」

然而，婚姻不幸者期待的不就是「擁有幸福的婚姻」嗎？如果聽到有人婚姻幸福美滿就心生反彈，又怎能創造出幸福美滿的婚姻？

有句話說「如果你希望自己有錢，就不要詛咒有錢人」，當一個人陷入困境時，若是詛咒成功者，只會將成功愈推愈遠。因此，若想改變境況，創造成功，就請祝福學習成功者，並許下成功的心願，專心奔赴成功的目標吧！

79 你會怎麼想像自己的未來？

從事醫療工作二十多年，看過形形色色的患者，幾乎每種病我都看過「每況愈下」與「完全療癒」兩種結果的人，比如罹患四期癌症，有人往生，有人完全療癒；中風後有人長年癱瘓在床，有人在復健之後，再度行動自如。

醫護人員幾乎看過每種疾病不同的走向，他們若是想到自己將來老了或病了，將看過的患者狀況投射成自己的未來，也會有兩種完全不同的想法。你認為最懂健康與疾病的醫護人員，會怎麼想像自己的老年？

通常會以下兩種想法，你猜哪一種想法居多？

A. 醫學知識這麼豐沛的我，一定百病不侵，將來絕對可以健健康康、蹦蹦跳跳，活到一百歲。

B.要活那麼老還挺難的，真的活到八十歲，我看也失智或走不動了。

從醫多年，我幾乎不曾聽聞任何醫護人員有A想法，我所認識的醫護人員選的幾乎都是B。

醫護人員看過健步如飛的百歲人瑞，也看過百病纏身的殘疾老人，但他們多數人想像自己的未來時，都覺得自己老來會身體衰頹、疾病纏身。我認識的醫護人員談起健康的百歲人瑞，多半認為「那是令人羨慕的奇蹟」，而非「老了之後理當如此」，更從沒聽過醫護人員說自己老了以後一定是健康靈活的人瑞。

醫護人員是醫療資訊最發達、認識最多醫師、最容易經由同業介紹，知曉每一科名醫的人，若他們罹患較嚴重的癌症，你猜他們會怎麼想？

A.我知道最多醫療訊息，所以我的癌症一定能治好！

B.完了……

跟第一個問題一樣，從醫生涯中，我從未聽過罹癌的同事樂觀地說：「我自己就是醫師（或護理師），所以我不怕癌症。」「我都治過幾千例癌症了，治自己有什麼問題？」相反的，許多醫護人員罹患癌症時，想到的不是被治好的患者，而是自己醫治過、最後不治的病患，也會因此沮喪、焦慮、惶恐不安。

可見負面思想與專業知識並無絕對相關，即使是最了解健康、疾病與老化的醫護人員，想起自己的老年或疾病時，浮現的往往還是負面思想。別小看這些負面思想，它們會對細胞形成暗示，大大影響身體的療癒與健康。

你對老年或生病的想像是什麼？如果你對未來也充滿了負面想法，請你一定要轉念，轉成健康又有力量的正面思想，你的身體就會接受正面暗示，變得更健康有活力！

80 演一個健康的自己

清朝光緒年間，湖北武昌城發生了一樁奇事。話說某一天，武昌官員們聽說光緒皇帝微服出巡，已悄悄來到武昌城。

傳聞中的皇帝是個年輕男子，住在一間公寓裡。房東發現男子房客用的杯子上有五爪金龍，身上有一方玉璽，他的僕人都稱他為「聖上」。機靈的房東判斷他必是當今皇上，便迅速將皇上駕臨武昌的消息透露給當地官員。

皇上來到武昌城，官員們竟渾然不知，這個消息可把官員們嚇出一身冷汗，但他們又不知此人究竟是真是假，於是有幾個官員便先來探探真假。

這幾個官員曾在京城見過光緒皇帝本尊，知道光緒皇帝很年輕。他們來到「皇帝」居所後，一看這個男子也是年輕俊美，那還能不是光緒皇帝嗎？官員們於是趕緊跪下三呼萬歲。

經證實後，當地官員紛紛前來晉見皇帝，並送上各式各樣的禮金禮物，這位「光緒皇帝」因此金銀滿屋。

最後謎底揭曉，原來這位「光緒皇帝」是個戲子，他把皇帝演得活靈活現，龍杯、玉璽等道具又很逼真，導致武昌官員全被騙了，把「假皇帝」當「真皇帝」伺候了好些天。

說這個故事是要告訴大家，你也可以用這個「假皇帝」的方法玩玩「騙身體」的遊戲，當你生病時，不妨打從心裡告訴自己「我很健康」。相信我，只要你真的相信自己很健康，你的細胞就會像武昌官員相信「假皇帝」是「真皇帝」一樣，認為你是健康的人，就會配合你，愈來愈健康。

這個遊戲必須極端入戲，就像「假皇帝」要演得逼真，演員就得相信自己是「真皇帝」，如同那位戲子把自己當「真皇帝」，儀表行止就像個皇帝，武昌官員們也把他當真皇帝，讓他過足了皇帝癮。

如果你想療癒你的疾病，不論是癌症、高血壓或其他疾病，你可以先告訴自己「我很健康」，當然，一開始你身體還是有病的，但沒有關係，你可以「假裝」自己很健康，演一齣「我很健康」的戲。

比如罹癌患者若想將自己演得很健康，就必須學習「健康的人」都怎麼想、怎麼過。癌症患者內心大多有著長期的苦悶，健康的人則有快樂的心靈，為了演出逼真，患者得先學習心靈快樂的人怎麼想、怎麼做，當他演得愈像時，他的細胞就會愈相信自己是健康的，於是癌細胞就轉成了健康的細胞。

「假皇帝」再怎麼演都難以變成「真皇帝」，健康則不然，當你生病時，只要假裝自己是健康的人、相信自己是健康的人、演出健康的人的樣子。假以時日，你就會真的變成健康的人，那時你就不用演了，因為你已經與健康合一，真的變健康了。

81 「奔赴夢想」是最好的補品

常有患者問我：「醫師，哪種品牌的維他命最好，能讓我吃了以後最有精神、最健康？」「醫師，我最近體力有點虛弱，你覺得吃哪種營養品最能增強體力？」「醫師，你覺得我用中藥來進補，身體會比較好嗎？」

從西醫師的角度，我無法回答哪種品牌的維他命最好、哪種營養品最能增強體力、中藥進補對身體健康有無助益，但從身心靈醫師的觀點，我會說，有一種最強力的補品，絕對能讓你精神好、體力佳、身體健康，那就是「奔赴夢想」。

所謂的「夢想」，不是要你像愛迪生發明電燈，也不是要你壯遊世界，更不是要你創辦一家上市上櫃的大公司。「夢想」最簡單的定義就是：「有一件事還沒做時，你充滿期待；正在做時，你樂在其中；做完之後，你回味無窮。」不論還沒做、正在做、或已完成，每當你想起這件事時，內心都非常歡喜，這件事就可稱為你的「夢想」。

「夢想」可以很簡單，比如你喜愛的偶像歌手一個月後要開演唱會，這個消息讓你興奮不已，為了搶到搖滾區的門票，在賣票首日，你提早三小時到售票系統排隊買票。買到門票後，在一整個月中，每天工作時，你都開心地哼著偶像歌手的歌曲。

雖然演唱會是晚上舉行，但你前一天就興奮到睡不著，恨不得明天早點到來。在演唱會會場上，你隨著偶像的歌聲又唱又跳，興奮不已。演唱會結束後，你回味無窮，恨不得跟全世界分享你的開心。

這就是活在夢想中的樂趣，或許有人會說你像「瘋子」、「傻子」，但正是這股熱情，能讓一個人身體充滿活力。在奔赴夢想的過程中，即使吃得少一點、睡得少一點，依然有滿滿的活力。此時就算不吃維他命、營養品或中藥，還是有旺盛的精力。

在臨床上跟癌症患者談話時，我常會問患者：「如果癌症療癒，可以好好活著，你最想做什麼？」有些患者會想一下說：「老實說，得癌症之前，我的人生就活得很苦悶，如果癌症真的好了，我也不知道我能做什麼？」有些患者馬上就回我：「人生可以做的事很多啊！」但若再細問：「比如什麼事？可以說一件嗎？」他可能就啞口無言，說不出任何想做的事了。

對於這樣的患者，我真心鼓勵，不論現在有夢想或沒夢想，都要從當下為自己編織一個夢想，並認真奔赴夢想。當一個人奔赴夢想時，他會燃燒熱情，而熱情就是身體最好的補品，往往在奔赴夢想的過程中，疾病也不藥而癒了。

我在心靈團體見過有些因疾病而進入學習的學員，他們樂於聽老師說充滿喜悅的身心靈觀念，每週上課都開心而來，若老師到別處演講，他們也會「追星」般地前往聽講。

學習是他們的夢想，他們在學習中改變自己，也在學習中燃燒熱情。在開心的學習中，他們往往活力愈來愈旺盛、外貌愈來愈年輕、身體愈來愈健康。可見「奔赴夢想」正是身體最好的滋養，只要能開心奔赴夢想，必能從心靈到身體，自然地快樂而健康！

之前說過，「身心靈整體健康三招」是覺知、靜心與創造，而所謂的「創造」，就是創造夢想，並奔赴夢想。當一個人樂在創造夢想時，身體往往都能自然而然地健康。

82 價值完成的無比快樂

電影《西遊記女兒國》描述唐三藏前往西天取經，路過西梁女兒國，女兒國的美女愛上了唐三藏，唐三藏卻對美女說：「貧僧最大的夢想是到西天取經，而非耽溺於男女間的情愛。」

不懂唐三藏的人認為唐三藏假道學、假清高，明明有美女投懷送抱，怎可能為了經書放下美女，前往既遙遠又未必能到的天竺？更何況取經書濟眾生，眾生不見得能回饋他什麼，美女卻可以時時溫存、夜夜春宵，從人性來說，不可能為了經書與眾生而捨棄美女。

也有人說，唐三藏是捨小愛而就大愛，所謂的「小愛」就是男女情愛，「大愛」就是對眾生的愛，唐三藏是「犧牲小愛，完成大愛」。

然而愛就是愛，能分出大小嗎？與其說唐三藏是「捨小愛而就大愛」，我會說唐三藏是「捨小樂而就大樂」。

如果我是唐三藏，當我一步一步西行，終於來到天竺，見到夢寐以求的佛經，想到帶回中土後，可以濟渡芸芸眾生，我一定會落淚。不過，唐三藏的淚不見得是為了眾生，而是因為他在多年努力後，終於實現了自己的夢想，完成了自己的價值，是無比的快樂與感動，才讓他忍不住掉下眼淚。

愛或許難分小愛大愛，但快樂卻有小樂與大樂之別。快樂是有層次的，吃一頓大餐、進行一趟旅遊，都很快樂，但這樣的快樂只能算是小快樂。實現夢想、完成價值是人生最大的快樂，而比起價值完成，更深的快樂則是在完成自我價值、圓自己夢想的同時，也嘉惠了他人、讓他人快樂，「自利利人」的快樂是人間極度的快樂。

唐三藏是有夢想的人，如果他真的動過凡心，那麼對他來說，取經度人很快樂，兩情繾綣也快樂，魚與熊掌若能兼得當然很好，但如果取經與戀愛只能擇一，那他選的就是既能利益他人，又能成就自己的取經度人，相信他這麼做時，一定有著深深的滿足與快樂。

價值完成是很快樂的事，我是一個身心靈作家，也很享受價值完成的快樂。寫作的過程有時須焚膏繼晷、絞盡腦汁，看似十足辛苦，但快樂也在其中。當書出版時，看著自己一段時日的努力終於有了成果，那真是無比的快樂。而當有讀者告訴我，因為讀了我的書，他的心靈更喜樂，身體也更健康，我的快樂更是筆墨難以形容。

在價值完成中自利利人，是讓人深深喜悅的「極品快樂」，歡迎大家都來追求夢想，創造自利利人的「極品快樂」，讓自己時時刻刻活在喜樂的滿足中！

83 成為自己的身心靈醫師

某次演講結束後，一位三十多歲的女性聽眾對我說：「王醫師，真的很謝謝你，因為你，我的自體免疫疾病明顯改善了。」

我大惑不解：「謝謝妳，可是不好意思，我好像不認識妳，請問我是怎麼幫妳的？」

她笑笑說：「你的確不認識我，也沒看過我。但我常看你的書、聽你的演講，照你說的方法覺知自己與改變自己，自體免疫疾病就大幅改善了。」

聽她這麼說，我很開心，也打從心底大呼神奇，原來只要有心，每個人都能成為自己的「身心靈醫師」，療癒自己。即使是在家自修，只要學會方法，並認真實行，就能轉變自己，讓自己愈來愈快樂，身體愈來愈健康。

很多人生病時，都會請醫師診治，希望醫師把病治好，讓自己回復健康。有人為了掛名醫的號，凌晨三四點就到醫院排隊，期待經由名醫的妙手，讓自己的疾病痊癒。

然而以我二十多年的行醫經驗，我要告訴大家，不論醫師的名氣再大，醫術再好，治療慢性病時，大多還是只能「控制」疾病，而無法「療癒」疾病。因為疾病的本源都在內心的衝突，只有消融內心的衝突，才可能療癒疾病，然而，再厲害的名醫都無法幫你消融內心的衝突。世上唯一能消融你內心的衝突，讓你的疾病完全療癒的，只有你自己。

推廣身心靈整體健康多年的我，期盼每個人都可以透過學習，消融內心的衝突，療癒自己的疾病，創造自己的健康，也就是成為自己的「身心靈醫師」。

想成為西醫師要先考上醫學系，經過六年的醫學院教育、六年以上的實習與住院醫師訓練，才能取得專科醫師執照，成為合格的專科西醫師。一個西醫專科醫師的養成，至少得經過十二年以上的時間。

但成為自己的「身心靈醫師」，卻不必像成為西醫師花這麼多時間。只要認真學習，你可能看完一本書，或聽過一場演講，就可以當自己的「身心靈醫師」，開始治療自己。而且你的治療都是針對疾病的本源，也就是你的心來轉化，所以你會比任何名醫更能完全地療癒自己。

讀到這裡，相信你已經明白怎麼成為自己的「身心靈醫師」。善用本書提供的方法，你會更快認識自己、療癒疾病、創造健康。健康的本源就在心的快樂，當你生病時，只要能讓心靈快樂，疾病自然就能痊癒。

而若要讓心靈快樂，就要學習改變自己的個性。改變個性的方法即是覺知、接納及消融「受害者意識」，並改變自己相應於「受害者意識」的慣性對應模式。當你不再感覺受害時，你的個性也就改變了，你會從不快樂走向快樂，若你還能讓自己安心，並創造成就感，就能擁有更深的快樂，創造更全然的健康。

就讓我們一起成為自己的「身心靈醫師」，在每一天的生活中，認識自己、改變自己、創造快樂，並擁有全然的健康吧！

〈後記〉

會心的一笑

曾有位女性朋友從遠地千里迢迢前來找我諮詢，說她深受高血壓之苦，雖已屢次調整藥物，但血壓還是無法穩定。

她語帶怨氣地對我說：「我血壓會這麼高，都是被我老公氣出來的。我老公真的很常惹我生氣，比如我今天來找你諮詢，他跟我一起來。下捷運後，還有一小段路程，我心想他應該會體諒我穿高跟鞋，走路很辛苦，幫我叫計程車。想不到離開捷運站後，他竟然看著網路地圖，牽著我一路走過來。我一邊走，心裡一邊罵，愈走火氣愈大，說不定現在血壓又飆高了。

「他就是這樣，從來不會為我著想，還常常惹我生氣。每天跟他在一起，難怪我血壓那麼高。我常在想，如果不離開他，我的高血壓大概永遠不會好。」

我問她：「妳先生是故意不叫計程車，要逼妳走路、讓妳腳痠嗎？」

她想了想，說：「我不知道他是不是故意，但生活中諸如此類的事很多，我就是覺得他對我不好，從來不會體諒我。」

我再問她：「那妳可不可以告訴我，到底是他真的不體諒妳、不為妳著想？還是妳認為他不體諒妳、不為妳著想？妳氣的究竟是他，還是妳認為的他？」

我問完後，她張大了眼睛，停頓了幾秒，而後噗哧一聲笑了出來。

接著她說：「我明白了，原來是我認為他不體諒我、不為我著想，我才會生他的氣，血壓也才因此升高。

「所以，外面並不見得有什麼事，而是因為我的頭腦自己想，想完又自己生氣，才把自己氣成了高血壓。

「真的很謝謝你，原本我還想問你，我是不是應該要離婚，高血壓才會好？但現在看來，我的高血壓根本跟我先生無關，而是跟我自己有關。回家後，我一定會認真覺知自己的想法，並消融自己的想法，讓我的心平靜，相信我的血壓一定會漸漸穩定。」

她帶著笑容，再三道謝，開開心心地回家了。

我跟個案對談時，常常都像這樣，個案忽然靈光一閃，即發現真正的問題所在。原來外面什麼問題都沒有，真正有問題的往往是自己。

許多人都認為自己很痛苦，但多數人的痛苦幾乎都是頭腦中先起了「受害者意識」，再因「受害者意識」而煩憂、焦慮或憤怒，故而感覺痛苦。

當一個人不明白自己的痛苦是起於頭腦的衝突時，會以為痛苦都是別人造成的，也會怪罪別人。一旦明白痛苦是自己的頭腦造成的，可能就會發出會心的一笑！

每當我在對談過程中，見到個案會心的一笑，都會很開心，也很想告訴他：「你頓悟了！」這樣的頓悟就是他改變的契機，他將從此邁向快樂與健康的人生。

或許在閱讀本書時，你也會忽然驚覺，原來許多煩憂、焦慮、憤怒或痛苦，都起於自己的頭腦。於是你也可能闔上書，在一笑之間頓悟了。你將從此改變，變得更快樂、更自在、更健康。祝福你！

愛的推廣辦法

看完這本書，是否激盪出您內心世界的漣漪？

如果您喜歡我們的出版品，願意贊助給更多朋友們閱讀，下列方式建議給您：

1. 訂購出版品：如果您願意訂購一千本（印刷的最低印量）以上，我們將很樂意以商品「愛的推廣價」（原售價之65折）回饋給您。

2. 贊助行銷推廣費用：如果您認同賽斯文化的理念，願意贊助行銷推廣費用支持我們經營事業，金額達萬元以上者，我們將在下一本新書另闢專頁，標上您的大名以示感謝（每達一萬元以一名稱為限）。

請連絡賽斯文化或財團法人新時代賽斯教育基金會各地分處，我們將盡快為您處理。

●愛的連絡處

如果您認同本書的觀念及內容，想要接受我們的協助；如果您十分認同本書的理念，想依循本書的觀念成為一位助人者的角色；如果您樂見本書理念的推廣，而願意提供精神及實質的協助；請與財團法人新時代賽斯教育基金會各地分處連繫：

●台中總會　電話：04-22364612　傳真：04-22366503
E-mail: edu10731@seth.org.tw
台中市北區崇德路一段六三一號A棟十樓之一

●台北辦事處　電話：02-25420855
E-mail: taipei@seth.org.tw
台北市中山區長安東路二段四九號六樓

●新北辦事處　電話：02-26791780
E-mail: xinpei@seth.org.tw
新北市新莊區思源路一七三號十二樓

●新竹辦事處　電話：03-6590339
E-mail: hsinchu@seth.org.tw
新竹縣竹北市嘉豐六路一段九六號二樓

●嘉義辦事處　電話：05-2754886
E-mail: Chiayi@seth.org.tw
嘉義市吳鳳北路三八一號四樓

●台南辦事處　電話：06-2134563
E-mail: tainan@seth.org.tw
台南市中西區開山路二四五號十樓

●高雄辦事處　電話：07-5509312　傳真：07-5509313
E-mail: kaohsiung@seth.org.tw
高雄市前金區中山二路五〇七號四樓

●屏東辦事處　電話：08-7212028　傳真：08-7214703
E-mail: pintong@seth.org.tw
屏東市廣東路一二〇巷二號

●賽斯村　電話：03-8764797　傳真：03-8764317
E-mail: sethvillage@seth.org.tw
花蓮縣鳳林鎮鳳凰路三〇〇號

●賽斯ＴＶ　電話：02-28559060
E-mail: sethtv@seth.org.tw
新北市新店區北新路一段二九三號七樓之三

●香港聯絡處　電話：+852-27723644
E-mail: ennovynahc@gmail.com

●深圳市麥田心靈文化產業有限公司　許添盛微信訂閱號：SETH-CN　微信：chinaseth　電話：+86-15712153855

●新加坡賽斯基金會　電話：+6586995765　E-mail: sethsingapore@hotmail.com

●馬來西亞賽斯教育俱樂部　電話：+6019-6685771　E-mail: loveseth.my@gmail.com

●賽斯教育基金會歐洲分會　電話：+32478656779　E-mail: englishsecretary@seth.org.tw

●台灣身心靈全人健康醫學學會　電話：02-22193379　傳真：02-22197106
E-mail: tshm2075@gmail.com
新北市新店區中央七街二六號四樓

心靈的殿堂　賽斯學院
需要您慷慨解囊　一起播下愛的種子

賽斯鼓勵每一個人都應該去建立內在的「心靈城市」...

賽斯村就是賽斯家族內在的「心靈城市」，就是心中的桃花源，就是我們心靈的故鄉。

在這裡沒有批判，沒有競爭，沒有比較，充滿智慧，每個生病的人來到這裡就能得以療癒，每個失去快樂的人來到這裡就能重獲喜悅，每個生命困頓的人來到這裡就能找到內在的力量，重新創造健康、富足、喜悅、平安的生命品質。

「賽斯村-賽斯學院」由蔡百祐先生捐贈，從心中藍圖到落實為一磚一瓦的具體建築，民國103年第一期工程「魯柏館」及「約瑟館」終於竣工；在這段篳路藍縷的興建過程中，非常感謝長久以來各方的贊助與支持，「賽斯學院的建設計畫」才能順利進行。

第二期工程「賽斯大講堂」即將動工，預估工程款約三仟萬，期盼您的持續贊助與支持~~竭誠感謝您的捐款，將能幫助更多身心困頓的人找回生命的力量！

服務項目

◎住宿 ◎露營 ◎簡餐 ◎下午茶 ◎身心靈整體健康觀講座 ◎身心靈成長工作坊
◎賽斯資料課程及讀書會 ◎個別心靈對話 ◎全球視訊課程連線
◎企業團體教育訓練 ◎社會服務

捐款方式

一、匯款帳號：006-03-500435-0　　銀行：國泰世華銀行　台中分行
　　戶名：財團法人新時代賽斯教育基金會

二、凡捐款三仟元以上，即贈送「賽斯家族會員卡」一張，以茲感謝。
（持賽斯家族卡至賽斯村住宿及在基金會各分處購買書籍書、CD皆享有優惠）

地址：花蓮縣鳳林鎮鳳凰路300號　　電話：(03)8764-797
http：// www.seth.org.tw/sethvillage　　Mail：sethvillage@seth.org.tw

·SethTV·

心情。筆記

Note

心情。筆記

Note

心情。筆記

Note

心情。筆記

Note

國家圖書館出版品預行編目（CIP）資料

不藥而癒4：不當受害者，你就百病全消 / 王怡仁著.
-- 初版. -- 新北市 : 賽斯文化事業有限公司,
2025.06

面；公分. -- (王怡仁作品；21)

ISBN 978-626-7696-01-9(平裝)

1.CST：靈修　2.CST：心身醫學

192.1　　114003940

You create your own reality.

You create your own reality.